墨香财经学术文库

U0656621

数字经济时代数据安全的刑法保护

Criminal Law Protection of Data Security in the Digital Economy Era

李紫阳　著

东北财经大学出版社
Dongbei University of Finance & Economics Press
大连

图书在版编目（CIP）数据

数字经济时代数据安全的刑法保护 / 李紫阳著. 一大连：东北财经大学出版社，2024.4

（墨香财经学术文库）

ISBN 978-7-5654-5237-6

Ⅰ.数… Ⅱ.李… Ⅲ.数据安全法-研究-中国 Ⅳ.D922.174

中国国家版本馆 CIP 数据核字（2024）第 076323 号

东北财经大学出版社出版发行

大连市黑石礁尖山街 217 号 邮政编码 116025

网 址：http://www.dufep.cn

读者信箱：dufep@dufe.edu.cn

大连图腾彩色印刷有限公司印刷

幅面尺寸：170mm×240mm 字数：169 千字 印张：11.5 插页：1

2024 年 4 月第 1 版 2024 年 4 月第 1 次印刷

责任编辑：李 彬 时 博 赵 楠 责任校对：雪 园

封面设计：原 皓 版式设计：原 皓

定价：69.00 元

前言

　　数字经济时代，数据成为新型生产要素，数据安全的法律保护必要性凸显。为满足数据安全法律保护需求，《中华人民共和国网络安全法》《中华人民共和国数据安全法》《中华人民共和国个人信息保护法》等法律相继出台。在一系列法律的保驾护航下，数字经济产业发展迅猛，我国已成为引领全球数字经济创新的重要策源地。然而，"不同的社会中犯罪的流行形式是不同的；不同社会的犯罪控制机制也有明显的不同"。①数字经济在推动生产、生活数字化转型的同时，也带来了各种数据安全刑事风险，"使数字型犯罪呈现高发态势并出现增幅效应"。②

　　在此情形下，刑法学者应秉持辩证发展的理念，全面分析数字经济时代新型犯罪风险与刑法治理问题，推动数字经济时代刑法理论升级，并为数字经济健康可持续发展提供法理根据。数字经济发展过程中，已暴露出的新型刑事犯罪风险类型较多，包括但不限于以 ICO 融资诈骗、P2P 金融诈骗等为代表的金融刑事安全风险；以深度链接、视频解析等为代表的知识产权刑事安全风险；以人工智能犯罪等为代表的智能安全刑事风险；以打码撞库、恶意注册、DDOS 攻击等为代表的数据安全刑事风险。以上数字经济时代新型犯罪风险给既有刑法理论与实践造成新的困扰，带来新的挑战，针对上述新型犯罪风险理应分别从立法论与解释论的角度予以讨论。

---

① 戈特弗里德森，赫希. 犯罪的一般理论 [M]. 吴宗宪，苏明月，译. 北京：中国人民公安大学出版社，2009：161.

② 姜涛. 数字经济时代的刑事安全风险及其刑法防控体系 [J]. 四川大学学报（哲学社会科学版），2023（6）：147.

本书聚焦数字经济时代数据安全刑事风险，系统性研究数字经济时代数据安全的刑法保护问题。数据安全的脆弱性与易受侵害性在数字经济时代日益凸显。数据安全犯罪行为不断迭代，已成为阻碍数字经济发展的因素，对数据安全犯罪进行治理已刻不容缓。目前，刑法学界提出"技术规制论"与"法律规制论"两种消解数据安全刑事犯罪风险的方法。新型数字技术的出现能有效赋能数字经济发展，可以在一定程度上起到防控数据安全刑事犯罪风险的效用，但新型数字技术的出现本身就意味着新型犯罪风险出现的高度可能性，其完全可能成为数据安全刑事犯罪的新工具与新对象，因此，采用单一技术规制难以有效防范数据安全刑事犯罪风险。较稳妥的方式是"兼顾法律治理与技术治理"，在主动挖掘数字技术防控刑事风险价值的同时，积极调整既有刑法学理论，使其满足数字经济时代数据安全犯罪治理需求，为数字经济时代数据安全刑法保护立法与司法实践提供理论指引。在法律治理框架内，解释论研究较立法论研究实践意义更强，应成为数据安全刑法保护问题研究的主要方式，本书即持此立场。在解释论视域下，刑法学理论应着力厘清数字经济时代数据安全刑事风险新特征与新挑战，确定数据安全刑法保护的范围与路径，明确数据安全法律的地位与内容，解释并检视数据安全犯罪的构成要件，划定数据安全犯罪与其他犯罪之间的边界。要注意，刑法虽应积极惩治数据安全刑事犯罪行为，但不能过于扩张打击面，防止因过度扩张数据安全刑法保护范围而带来新的不正义，进而扼杀数字经济创新积极性。因此，数字经济时代的刑法理论更需"持中守正""不偏不倚"。换言之，应强调严惩数据安全犯罪行为的必要性，更应明确惩治数据安全犯罪行为的目的不是阻碍数字经济发展，而是期望通过刑法手段有序、合理地清除数字经济发展中的"害群之马"，保障数字经济稳定、健康和可持续发展。

本书的撰写得到恩师华东政法大学刘宪权教授、张勇教授及东北财经大学法学院邹世允院长的教导和支持，在此深表感谢。

李紫阳

2023 年 12 月

▌目录

1 导论

1.1 研究背景与意义

1.1.1 研究背景

为深度挖掘大数据与人工智能的技术红利，推动产业经济向低能耗发展模式转型，我国从 2015 年开始便不断出台规范性文件助推大数据与人工智能技术的发展升级以提高数据资源在社会生产中的地位。2015 年国务院发布《促进大数据发展行动纲要》，2016 年《中华人民共和国国民经济和社会发展第十三个五年规划纲要》中提出实施国家大数据战略。各部委积极响应号召，针对职权范围内的事项制定、出台专门文件，例如工业和信息化部在 2016 年发布《大数据产业发展规划（2016—2020 年）》等。2020 年，《中共中央 国务院关于构建更加完善的要素市场化配置体制机制的意见》中将数据增列为新型的、第五种生产要素。在国家政策的加持下，数字经济飞速发展，数字经济生活中各类数据不断汇集，已经成为影响国家安全、经济发展和个人利益的重要战略性生产资料。

与数据量级和数据价值的增长相伴，针对数据安全实施的违法行为也日益增多。为应对数字经济时代新型数据安全风险，刑法以外的部门法学者开始转移研究精力，重点关注"数字化治理""数字化人权""数据权归属""数据跨境流动""数据可携带权""企业数据财产权"等问题，以期为数字经济发展提供基础法治规则。2016 年《中华人民共和国网络安全法》（以下简称《网络安全法》）、2017 年《中华人民共和国民法总则》（以下简称《民法总则》）、2020 年《中华人民共和国民法典》（以下简称《民法典》）以及 2021 年《中华人民共和国数据安全法》（以下简称《数据安全法》）等适时更新。与其他部门法不同，刑法在应对大数据与人工智能技术发展所带来的挑战方面略显滞后，如"金字塔一样的沉默"[①]，对涉数据安全犯罪相关条款的立法调整略显迟滞。

刑事立法未做调整符合法律滞后性特征，但并不意味着现行涉数据安全立法不存在问题。事实上，涉数据安全犯罪的刑事立法存在诸多亟待解决的难题。比如，数据安全犯罪作为动态犯罪体系，应包括数据获取、数据持有、数据处理、数据使用与数据销毁等环节，而我国仅针对数据获取、数据处理过程中的部分行为进行立法规制。也正因此，立法论研究隐约成为数据安全刑法保护问题的主要研究方式。然而，本书认为立法研究有其价值，但解释论研究更为必要。因此，本书持解释论研究进路，关注数据安全刑法保护的司法难点，追求涉数据安全犯罪罪名的妥善适用，解决数据安全刑事司法领域存在的"理论分歧的广度与深度，委实超出正常的阈值"问题。[②]

1.1.2 研究意义

数字经济时代研究数据安全刑法保护问题，兼具理论与实践意义：一方面，可丰富数据安全刑法理论，澄清数据安全刑法争议。目前，数

---

① 张明楷. 网络时代的刑事立法 [J]. 法律科学（西北政法大学学报），2017（3）：70.
② 叶良芳. 法条何以会"竞合"？——一个概念上的澄清 [J]. 法律科学（西北政法大学学报），2014（1）：99.

据安全刑法保护问题研究刚起步，对于数据与信息的关系、数据安全与信息安全的关系、数据安全的刑法保护进路、获取型数据安全犯罪的治理、破坏型数据安全犯罪的治理以及对象-工具型数据安全犯罪的治理等问题，均理论争议频出。诚然，多元刑法理论利于学术繁荣，但刑法作为实践科学，更应注重理论统一性，以避免多元刑法理论造成刑事司法适用困难，严重影响司法公信力与裁判妥适性，有必要系统梳理与澄清既有理论争议。

另一方面，"徒法不足以自行"，良善法律需要良好执行才能取得效果。因此，本书在重新阐释数据安全刑法保护基本问题、数据安全刑法法益独立性、数据安全刑法保护罪名后，以实践争议案例为检验工具，释明刑法理论应用于司法实践的规则与结论，实现刑法理论与刑法实践的良性互动。总之，数字经济时代，数据安全刑法理论亟待重新阐释，以适应时代发展，有效规制新型涉数据安全违法犯罪行为。

1.2　研究内容与方法

1.2.1　研究内容

本书重点研究内容包括以下五个部分：

第一部分研究数字经济时代数据安全刑法保护的基本问题。一是研究数据与信息的关系问题，对于学界现存的几种不同观点进行了系统性梳理。通过对立法文本与立法动向的整体把握，明确数据与信息分层评价的必要性，不可混同处理两者。二是研究数据安全是否应受刑法保护问题。否定论的论断存在误解中德刑事立法差异、低估以数据安全为核心建构犯罪体系价值等问题。因此，应肯定数据安全刑法保护必要性。肯定论又分为狭义说、广义说与折中说。相较而言，狭义说较为合适，但也存在未关注犯罪学与刑法学概念差异等问题，应被修正。三是研究数据安全的刑法保护方式问题。立法论有时候意义有限，与实践脱节，所提修改完善建议很多本身就存在问题。解释论关注法律文本解释，追求刑法规范妥善适用，实践价值明显，应成为数据安全刑法保护的主要方法。

　　第二部分研究数字经济时代数据安全法益的独立提出与阐释问题。目前，是否应将数据安全作为独立刑法法益提出等问题，学界尚存争议。莫衷一是的法益理论削弱了刑法法益解释功能，使涉数据安全犯罪罪名解释及涉数据安全犯罪案件处理方面存在的疑难问题难以得到系统解决。事实上，作为法定犯，数据安全犯罪的本质是法益侵犯，而非规范违反。经过"是否对多数人有用""是否具有受侵害可能性""是否被成文刑法确证""是否与宪法价值目标冲突"等方面的判断，可以确证数据安全的刑法法益资格。结合《中华人民共和国计算机信息系统安全保护条例》等可知，在计算机信息系统安全法益群中，数据安全法益与计算机信息系统功能法益属于平级法益，隶属于计算机信息系统运行安全法益。计算机信息系统运行安全法益的上级法益是计算机信息系统安全法益。其中，数据安全法益包括数据保密性法益、数据可用性法益与数据完整性法益。数据保密性法益是非法获取计算机信息系统数据罪保护的直接法益，即只有经过合法授权的用户才能访问数据，限制非法访问与获取数据；数据完整性法益是未经授权不得擅自改变数据，不能对计算机信息系统中存储、处理或者传输的数据进行非法删改增；数据可用性法益是指计算机信息系统中存储、处理或者传输的数据合法权利主体随时可访问、使用数据的特性。数据完整性法益与数据可用性法益是破坏计算机信息系统（数据）罪保护的直接法益。以上理解应成为解释数据安全犯罪罪名及解决数据安全犯罪案件的教义学基础。要注意，数据安全不是新型刑法法益，数据安全新型法益论缺乏域内外立法基础。

　　第三部分研究数字经济时代获取型数据安全犯罪行为的刑法规制问题。以数据保密性法益为基础，对非法获取计算机信息系统数据罪可进行如下规范释义：行为对象方面，计算机信息系统数据扩张论与限缩论观点不合理，计算机信息系统数据包括计算机信息系统中存储、处理或者传输的全部数据，包括云端数据与RFID数据等；行为手段方面，非法获取计算机信息系统数据罪是复行为犯，包括"非法侵入/其他技术手段+获取"。非法侵入应理解为未经授权或超越授权进入他人计算机信息系统的行为，在认定是否为未经授权或超越授权时不应以域外法为圭臬，应注意总结国内判例经验，结合个案进行具体认定。利用其他技术手段是指假冒或设立虚假网站等不需要进入他人计算机信息系统便可获取数据的行为。理解获取时应注意避免将刑法中的获取与日常用语中的获取等同，刑法中的获取关注要点是数据保密性，不论控制权是否转移，只要采取下载、复制、浏览等方式对数据保密性造成侵害即为获取；行为结果方面，在对类构成要件复合说、客观处罚条件说、罪量说等关于情节严重在犯罪论体系定位的理论观点进行反思的基础上，紧扣如下两个原则解释情节严重：一是情节严重是违法性构成要件要素，包括主客观方面的内容；二是情节严重的判断应防止预防刑的介入，满足责任刑的要求。已受行政或刑事处罚、累犯、自首、立功等预防刑情节要素均是在认定犯罪成立后的量刑阶段才能考虑的因素，不应作为构成要件要素之情节严重的认定标准。在对非法获取计算机信息系统数据罪进行规范释义及明确非法获取计算机信息系统数据罪与关联计算机犯罪关系的基础上，可对数字资产视野下非法获取虚拟财产行为、电商活动中打码撞库盗取账号密码行为及使用抓包工具抓取并修改账户余额行为等获取型数据安全犯罪行为的刑法规制问题进行细致研究，为相关犯罪行为的司法治理提供指引。

第四部分研究数字经济时代破坏型数据安全犯罪行为刑法规制问题。基于数据可用性法益与数据完整性法益，可对破坏计算机信息系统（数据）罪作如下规范释义：行为对象方面，非法获取计算机信息系统数据罪与破坏计算机信息系统（数据）罪均保护计算机信息系统中存储、处理或者传输的全部数据，而非仅保护与计算机信息系统运行相关的数据；行为手段方面，对"删除、修改或者增加"的理解不能以"可能造成数据使用效用完全灭失"为标准，要意识到对数据完整性法益的侵犯将影响数据可用性法益，数据可用性受损又可分为全部受损与部分受损。因此，具体个案中不论涉案行为是对数据完整性法益还是对数据可用性法益造成损害，无论是全部受损还是部分受损都可构成本罪；行为结果方面，综合运用文义、体系与目的等解释方法可知，《中华人民共和国刑法》（以下简称《刑法》）第286条第2款中"和"前"和"后都是刑法保护对象，但此处的"和"应理解为"或"，即删改增数据后果严重与删改增应用程序后果严重均可构成破坏计算机信息系统（数据）罪，且此处的后果严重不应被理解为计算机信息系统不能正常运行的程度。在对破坏计算机信息系统（数据）罪进行规范释义及明确其与关联计算机犯罪关系的基础上，可对使用木马控制"肉鸡"进行加密币挖矿行为、提供拦截篡改数据骗取 App 首单优惠程序行为等破坏型数据安全犯罪行为的刑法规制问题展开解释，为相关犯罪行为的司法治理提供帮助。

第五部分研究数字经济时代"对象-工具型"数据安全犯罪行为刑法规制问题。"对象-工具型"数据安全犯罪行为规制的关键是正确把握《刑法》第287条。对该条理解存在法律拟制说与注意规定说，法律拟制说由于存在不符合立法文义、不符合法律拟制原理、可能会轻纵犯罪、影响刑罚惩罚与预防双重功能的实现等问题应被否定。注意规定说内部的以其他犯罪定罪论存在与法律拟制说相似的问题也应被否定。因此，应将《刑法》第287条理解为注意规定条款，在个案适用时可作如下类型化处理：一是行为人在同一犯罪目的支配下实施了手段行为与目的行为，手段行为是对计算机信息系统的利用，目的行为是实施计算机犯罪以外的其他犯罪行为。此类犯罪又可被分为三种类型：首先，行为人虽以计算机作为工具，但未对计算机犯罪条款保护法益造成侵犯，此时，应根据目的行为所构成的犯罪进行定性。其次，行为人对计算机的利用行为虽对计算机犯罪条款所保护的法益造成了一定侵害但不构成犯罪，此时，应根据目的行为所构成的犯罪进行定性，并在司法裁判中将计算机犯罪条款所保护法益的受损情况作为量刑情节进行考虑。最后，行为人的手段行为与目的行为分别对计算机犯罪条款所保护的法益以及其他犯罪条款所保护的法益造成了侵犯，且均构成犯罪，此时，应根据牵连犯原理进行处理。二是行为人在一个犯罪目的支配下实施了一个行为，但该行为同时对包括数据安全法益在内的计算机犯罪条款所保护的法益与其他犯罪条款所保护的法益造成了侵犯，构成两个犯罪。此时，应根据想象竞合或法条竞合理论进行处理。三是行为人在实施了计算机犯罪行为后又另起犯意实施了其他犯罪行为，此时，应根据数罪并罚理论进行处理。正确理解以上规则便可很好地处理"对象-工具型"数据安全犯罪行为刑法规制问题。

1.2.2　研究方法

本书主要采用的研究方法如下：

一是案例研究方法。解释论研究追求法条的妥善适用，因此，为保证本书的实践价值，将以司法实践判例为研究对象，分析展示涉数据安全犯罪司法治理的微观问题，锚定问题并提出具象解决建议。

二是比较分析方法。关注域内外数据安全刑法保护的立法、司法与学理情况，借鉴优秀经验，确定我国数字经济时代数据安全刑法保护的路径，阐释我国数据安全犯罪罪名的保护法益与构成要件，推进我国数据安全刑法保护与国际保护趋势接轨。

三是规范分析方法。遵循法教义学研究思路，系统研究数据安全犯罪罪名之间的关系、与其他计算机信息系统犯罪之间的关系以及与其他传统犯罪罪名之间的关系，以使刑法理论体系融贯，避免内部冲突，保证实践价值。

2 文献综述

自2018年以来，数据安全刑法保护问题成为刑法学研究热点，但至今尚未有论者以此为主题出版专著。多数学者在网络犯罪的讨论中将数据安全刑法保护问题作为章节问题讨论，比如，喻海松所著的《网络犯罪二十讲》等。本章从以下几个方面对既有数据安全刑法保护理论成果进行了梳理。

其一，关于数据与信息及其关系的理解争议。彭诚信、向秦（2019）认为数据与信息及其关系的学理分类，包括信息与数据等同说、数据与信息相对说、信息范围大于数据说等；程啸（2018）提出离开信息，大数据时代的数据不具有任何意义；谢远扬（2016）提出大数据时代两者没有区分必要，差异仅在于概念强调侧重不同；其余如郭明龙（2012）、李源粒（2015）等均提出相似论点。数据与信息区分型支持者日益增多，如纪海龙（2018）提出数据包括物理层、符号层、内容层等三层次内容，物理层是外在物质载体、符号层指向数据文件（即数据）、内容层指向数据内容（即信息）；欧阳本祺（2019）、朱宣烨（2020）等以纪海龙等的观点为基础，将数据分层理论引入刑法学用以解决网络虚拟财产定性问题。李爱君（2018）提出数据大于信息说，认为数据承载内容包括信息及非信息。梅夏英（2016）提出数据只是信息的一种载体，信息外延大于数据。

其二，关于数据安全刑法保护立场的理解争议。否定论属少数说，认为刑法并不保护数据，也不保护数据安全，保护的是信息和信息安全。例如，敬力嘉（2019）提出刑法评价的对象应该是信息，而不是数据。王肃之（2019）提出我国与德日不同，并不关注计算机的系统性特征，而是关注计算机的信息性特征，计算机信息系统处理的对象必然是信息。既然如此，刑法保护的对象也只能是信息安全，相关犯罪也仅构成信息犯罪。肯定论观点又可分成广义说、狭义说与折中说。广义说中，李源粒（2014）提出与数据安全相关的犯罪均是数据安全犯罪的研究对象，应构建跨越国家社会各领域的"大犯罪体系"。王倩云（2019）提出数据安全犯罪是以数据为对象或以数据为工具的犯罪，此为折中说。杨志琼（2018）持狭义说。将数据安全犯罪理解为以数据为对象的犯罪，具体指向《刑法》第285条第2款与第286条第2款中的非法获取计算机信息系统数据罪与破坏计算机信息系统（数据）罪。

其三，关于数据安全刑法保护路径的理解争议。其研究路径主要包括立法论与解释论。持立法论者期望通过立法，修正既有法律，从根本上扭转我国立法存在的调整范围狭窄、关键词范围不清等问题。例如，王倩云（2019）提出应借鉴《网络犯罪公约》在我国刑法中增设非法获取、持有、使用数据罪以及非法破坏、删除、压缩数据罪。姜涛（2022）提出应增设非法获取、持有网络数据罪，非法提供网络数据罪，非法删除、修改、增加网络数据罪。持解释论者则关注具体罪名的司法适用实态，确定司法适用中存在的疑难问题，并提出针对性解决方案。杨志琼（2018）以厘清数据安全法益内涵为基础，重释数据安全刑法罪名的构成要件。

其四，关于数据安全法益独立化的争议。数据安全法益独立化问题也是数据安全犯罪罪名保护法益问题。目前，数据安全犯罪保护法益观点歧见较多，可分为单一法益论与复数法益论。针对非法获取计算机信息系统数据罪，单一法益论中黎宏（2016）提出计算机信息系统安全说，刘明祥（2016）提出计算机信息系统运行安全说，徐凌波（2017）提出信息安全说，徐久生（2020）提出数据传输私密性说等。复数法益论中皮勇（2019）提出数据安全与系统功能法益说，喻海松提出国家对计算机信息系统安全的管理秩序、计算机信息系统的正常运行秩序及计算机信息系统及其存储、处理或传输的数据安全说。针对破坏计算机信息系统（数据）罪，单一法益说中喻海松（2018）、米铁男（2014）提出计算机信息系统安全说，陈兴良（2007）提出国家对计算机信息系统管理秩序说，赵宁（2020）提出公共管理秩序说。复数法益说中高铭暄（2017）提出国家对计算机信息系统安全运行管理制度和计算机信息系统所有人与合法用户的合法权益说等。除传统法益理论外，不少学者在反思旧理论基础上独立提出数据安全法益，如杨志琼（2019）、李川（2019）、刘双阳（2019）、张婷（2022）、欧阳本祺（2023）等。

其五，关于数据安全具体内容的理解争议。数据安全法益独立说日益重要，但对于数据安全法益的具体指向，学界仍存在争议。如不能确定数据安全法益的具体内容，则刑法法益的解释适用功能与立法批判功能均无法得到保障。王倩云（2019）、杨志琼（2019）提出数据安全法益的内容是数据安全保密性、数据安全完整性、数据安全可用性。刘宪权（2019）提出数据安全法益不是新型法益。

其六，关于数据安全犯罪构成要件的解释争议。针对非法获取计算机信息系统数据罪的行为对象范围，有扩张论与限缩论两种观点。扩张论中，王倩云（2019）提出本罪的保护对象是用于确认用户操作权限身份的信息，其他数据不是刑法意义上的数据，因此，应扩张解释"计算机信息系统数据"；限缩论中，李遐桢（2014）提出应将数据化权利、虚拟财产等排除在计算机信息系统数据范围外。杨志琼（2019）提出应对计算机信息系统数据进行去财产化、去识别化以及去创造性，区分本罪与财产犯罪、侵犯公民个人信息犯罪以及知识产权犯罪的边界。针对破坏计算机信息系统（数据）罪的行为对象，胡春健（2019）等持平义论，即提出《刑法》第286条第2款在立法时未对计算机信息系统数据进行文义限缩，也未要求本款与第1款、第3款相似必须对计算机信息系统正常运行造成不利影响，因此，应平义解释。限缩论中周立波

（2018）提出应将《刑法》第286条第2款后果严重理解为"造成计算机信息系统不能正常运行"。俞小海（2019）提出应以实质化分类标准为依据，将数据分为核心数据与非核心数据，只有对计算机信息系统安全造成影响的核心数据才是本罪的保护对象。除行为对象方面的争议外，在行为后果、行为手段以及具体个案处置方面，学界争议亦颇多，后文予以展示，此处不再 赘述。

其七，针对"对象-工具型"数据安全犯罪处置问题的理解争议。此理解争议的源头是对《刑法》第287条的理解争议，争议集中于本条究竟是法律拟制还是注意规定。李振林（2013）认为应将该条理解为将数罪拟制为一罪类型的法律拟制规定，如果涉案行为同时触犯数据安全犯罪罪名与其他犯罪罪名应以其他罪名论处，而非以数据安全犯罪罪名论处。注意规定说为多数说，持本说者有张明楷（2015）、陈兴良（2019）等。此说又可分为两种观点：一是张明楷（2015）认为尽管第287条为注意规定，但只要以计算机为工具的犯罪行为，同时触犯了数据安全犯罪罪名与其他犯罪罪名也应以其他犯罪罪名论处；二是俞小海（2015）、陆旭（2020）、郑丽莉（2020）认为在前述情形下，应以罪数理论进行具体分析，不能统一按照其他罪名进行定性处理。

综上所述，刑法学者已从数据与信息的关系、数据安全刑法保护立场、数据安全刑法保护进路、数据安全犯罪罪名保护法益及构成要件解释、数据安全犯罪与其他罪名关系等方面进行了探讨，形成了一定的理论争鸣。然而，从研究成果看，相关研究结论虽能各抒己见，但总体研究结论尚未成熟，观点间相互沟通与了解程度较低，尚需继续推进数字经济时代数据安全刑法保护问题研究。

3　数字经济时代的数据安全刑法风险

3.1　数字经济时代的数据安全刑法风险新特征

数字经济时代，数据成为新型生产要素，直接影响国家安全、社会安全与个体权益。在大数据与人工智能技术的加持赋能下，我国经济产业实现联通互动，由农业经济、工业经济迁变至数字经济，实现技术、产业与制度的系统性跃迁[①]，推动国民经济从量变向质变发展[②]。与传统经济相比，数字经济具有如下特性：（1）通用技术性。数字经济以通用目的技术（GPT）为基础，技术演进是推动数字经济升级的动能。（2）平台生态性。数字经济平台突破时空限制，保证全国生产资源全时空流动，实现大规模供需活动的实时展开。（3）融合创新性。数字科技应用是数字经济发展的基础，数字科技作为融合性学科，跨越学科边界，打破了产业技术壁垒，产业界限模糊，能够重构生产要素与产业

[①] 张露娜，胡贝贝，王胜光. 数字经济演进机理及特征研究 [J]. 科学学研究，2021，39（3）：407-408.
[②] 左鹏飞、陈静. 高质量发展视角下的数字经济与经济增长 [J]. 财经问题研究，2021（9）：22.

形态。

实际上，数字经济并非新概念。1996年，Tapscott在其著作《数字经济：网络智能时代的机遇与挑战》中即提出数字经济概念。自该概念提出以来，全球政策制定者均表现出极大兴趣，纷纷基于本国国情开展政策制定工作。其中，美国是最早布局数字经济政策的国家，20世纪90年代，美国启动"信息高速公路"战略，相继发布《浮现中的数字经济》《数字经济1999》《数字经济2000》《数字经济2002》《数字经济2003》等报告。系列政策配合美国高新技术产业优势，迅速奠定其数字经济引领地位。

除美国外，其他西方高新技术发达国家在21世纪初也相继发布数字经济政策文件。比如，日本在2001年时发布《e-Japan战略》《u-Japan》《i-Japan》《ICT成长战略》《智能日本ICT战略》等，力推数字经济信息化建设；英国自2009年发布《数字英国》以来，又相继发布《英国信息经济战略2013》《英国数字经济战略2015—2018》等，借以明确英国数字经济发展的长期目标与短期目标，以数字经济强国为建设目标；俄罗斯在2017年亦将数字经济列入《俄联邦2018—2025年主要战略发展方向目录》，编制《俄联邦数字经济规划》，希望借助数字经济提升国民经济生产效率。

相较之下，受制于产业与技术能力，发展中国家在数字经济产业发展方面起步较晚。比如，巴西在2016年颁布《国家科技创新战略（2016—2019）》，将数字经济与数字社会列为国家优先发展目标。尽管发展中国家数字经济政策制定较晚，但已开始积极营造数字经济发展政策环境，力图抓住数字经济发展机遇，实现弯道超越，我国即是在此背景下积极进行国内数字经济产业建设。党的十九大提出，推动互联网、大数据、人工智能和实体经济深度融合，建设数字中国、智慧社会；党的十九届五中全会提出发展数字经济，推进数字产业化和产业数字化，推动数字经济和实体经济深度融合；2023年中共中央、国务院印发了《数字中国建设整体布局规划》，明确数字中国建设按照"2522"的整体框架进行布局，即夯实数字基础设施和数据资源体系"两大基础"，推进数字技术与经济、政治、文化、社会、生态文明建设"五位一体"深度融合，强化数字技术创新体系和数字安全屏障"两大能力"，优化数字化发展国内国际"两个环境"。在党中央、国务院的政策扶持下，全国数字经济产业欣欣向荣，实现规范、有序发展。

犯罪作为社会变动的晴雨表之一，①会随着社会生活变化而变化，各类新型数据安全违法犯罪行为的出现即为例证。近年来，首例"爬虫入刑案"②、首例"打码撞库案"③、首例"制售微信外挂软件案"④等相继发生，侵犯数据安全犯罪黑灰产链条已形成，"数据安全风险已伴同数字经济时代的来临而快速蔓延至数据的全生命周期"⑤。同时，"以恶意点击为代表的数据流量威胁型黑灰产已成为与技术威胁型黑灰产、内容秩序威胁型黑灰产并列的三大网络安全危险源之一"。⑥面对此种情况，"传统意义上的国家治理无法完全覆盖数字经济社会所触及的时空范围，传统刑事治理规则也难以有效应对数字经济时代的犯罪形势。数字经济的社会重塑，要求刑法的法治重塑"。⑦因此，在面对新型数据安全风险时，刑法应有所作为，研究如何破解数据安全刑法保护难题。⑧

与传统违法犯罪行为不同，数字经济时代数据安全违法犯罪行为呈现如下新特征：

其一，犯罪时空不限性。一方面，借助新型技术手段，人类活动空间摆脱现实物理世界的约束，大跨步迈入元宇宙等虚拟空间。犯罪人可以在任何时间借助互联网对他人实施数据安全违法犯罪行为，时空约束可近乎忽略不计。另一方面，数字经济时代数据安全违法犯罪行为地与结果地不一致。数据安全违法犯罪参与者多互不相识，仅通过虚拟网络社交软件交流配合，严重冲击以属地管辖为原则的传统刑法管辖原则。为应对前述两个方面的新特点，我国立法者积极谨慎立法，通过新设立

---

① 陈兴良. 网络犯罪的刑法应对 [J]. 中国法律评论，2020（1）：89.
② 北京市海淀区人民法院〔2017〕京0108刑初2384号刑事判决书。
③ 浙江省杭州市余杭区人民法院〔2017〕浙0110刑初664号刑事判决书。
④ 广东省广州市海珠区人民法院〔2016〕粤0105刑初1040-1号刑事判决书。
⑤ 张婷. 数字经济时代数据犯罪的风险挑战与理念更新——以数据威胁型网络黑灰产为观察对象 [J]. 法学论坛，2022（5）：122.
⑥ 张婷. 数字经济时代数据犯罪的风险挑战与理念更新——以数据威胁型网络黑灰产为观察对象 [J]. 法学论坛，2022（5）：123.
⑦ 贾宇. 数字经济刑事法治保障研究 [J]. 中国刑事法杂志，2022（5）：6.
⑧ 王定祥，胡建，李伶俐，等. 数字经济发展：逻辑解构与机制构建 [J]. 中国软科学，2023（4）：44.

法或修正旧法的方式实现犯罪提前治理与降低证明犯罪难度。其中，最为典型的案例是帮助信息网络犯罪活动罪的增设。

《刑法修正案（九）》出台前，刑法规制数据安全犯罪存在诸多障碍。以非法获取虚拟财产犯罪为例，网络上有专门为获取虚拟财产犯罪人提供网络接入、病毒代码、软件开发、支付结算等服务的，按照当时的刑法规定，只能作为盗窃罪或非法获取计算机信息系统数据罪的帮助犯处理。然而，提供网络接入、病毒代码、软件开发、支付结算等服务的犯罪嫌疑人往往为全国实施非法获取虚拟财产行为的犯罪人提供服务，不能确定其究竟是哪个案件的帮助犯，也难以查清其提供帮助的所有案件事实。此时，如何认定提供帮助者与实施非法获取虚拟财产犯罪行为正犯间具有共同的犯意联络、区分两者间的刑事责任成为法律疑难问题。

此外，与传统犯罪中帮助犯往往位于从犯位置不同，数字经济时代帮助犯的获利数额与犯罪作用常会大于实行犯。以提供第三方支付服务为例，数据安全犯罪目的多是获取财产利益，为掩饰、隐瞒犯罪所得及收益，实行犯往往需要借助第三方支付平台实施资金支付结算、洗钱等犯罪行为。单就个案而言，提供第三方支付结算服务的帮助犯获益可能不大，但基于时空不限性，提供第三方支付结算服务的帮助犯可同时为大量的实行犯提供帮助服务，并获取累积性非法收益。此时，实际上第三方支付服务提供者在数据安全犯罪中的获益最大。基于预防与打击帮助数据安全违法犯罪的目的，《刑法修正案（九）》将明知他人利用计算机网络实施各类违法犯罪而为其提供资金支付结算等帮助服务的行为单独成罪，增设帮助信息网络犯罪活动罪。①在适用过程中，司法实务将"明知"理解为"应知与确知"，将"违法犯罪"理解为"违法与犯罪"，进而再次下调帮助信息网络犯罪活动罪的入罪门槛，以在"时空不限"数据安全违法犯罪背景下实现对数据安全违法犯罪帮助犯的精准打击治理。

其二，犯罪手段复杂性。一方面，在数字经济时代新型违法犯罪行

---

① 喻海松. 网络犯罪二十讲［M］. 北京：法律出版社，2018：101.

为频出，违法犯罪手段技术性越来越强，危害行为、手段日益复杂，出现很多尚未被现行刑法予以规制但具有严重法益侵害性的犯罪学意义上的侵犯数据安全犯罪行为。比如，"非法使用公民个人信息的行为具有严重的法益侵害性，相较于非法获取、出售及提供公民个人信息而言，其所造成的法益侵害具有直接性和精准性，危害更甚；非法使用公民个人信息的行为具有独立性，无法通过解释的方法将其纳入侵犯公民个人信息罪中。另一方面，囿于保护法益的不同，非法使用公民个人信息行为也无法被刑法中的其他罪名所涵盖"。[①]

对于应如何应对非法使用公民个人数据（信息）这一新型数据安全违法犯罪行为，刑法学界存在解释论与立法论两种不同观点。解释论主张通过解释现有立法入罪，如李振林提出可将侵犯公民个人信息罪中的"非法"解释为"以非法利用为目的"，进而将非法使用公民个人信息的犯罪行为纳入侵犯公民个人信息罪的调整范围。[②]立法论则主张通过刑法立法的路径将非法使用个人信息的行为入罪，理由是现有罪名无法规制。[③]对于究竟应如何规制该行为，尚待学理与实务审慎论证，但新型违法犯罪行为法益侵害性凸显的事实已不容置疑。另外，某些违法犯罪行为同时符合若干现行刑法规定，构成不同的刑事犯罪，引发定性争议。典型的对诱导他人点击虚假链接并通过预先植入病毒方式获取他人财产行为的认定，司法实务即存在盗窃罪与诈骗罪之争。再如非法利用Fiddler软件抓取数据并修改会员余额行为的认定，司法实务中存在盗窃罪、非法获取计算机信息系统数据罪与破坏计算机信息系统罪之争。总之，数据安全违法犯罪行为的复杂性与技术性特征挑战既有刑法学理、刑事立法与刑事司法，应予以密切关注。

3.2 数字经济时代的数据安全刑法保护新挑战

受前述特征影响，司法实践中关于数据安全违法犯罪行为的处置常

---

① 刘仁文. 论非法使用公民个人信息行为的入罪 [J]. 法学论坛，2019（6）：107.
② 李振林. 非法取得或利用人脸识别信息行为的刑法规制论 [J]. 苏州大学学报（哲学社会科学版），2022（1）：82.
③ 刘仁文. 论非法使用公民个人信息行为的入罪 [J]. 法学论坛，2019（6）：108.

会引发罪与非罪、此罪与彼罪的争议。对数据爬虫案，在"酷米诉车来了案"中法院要求同时承担竞争法与刑事责任[①]，在"新浪微博诉饭友案"中仅要求承担竞争法责任[②]，在"晟品公司抓取今日头条视频案"中仅要求承担刑事责任（该案亦为爬虫入刑第一案）[③]，此种类案不类判的不正常现象，致使数据安全违法犯罪行为规制路径不明确，裁判结论妥适性较差。详细而言，数字经济时代数据安全刑法保护方面存在但不限于如下疑难问题，给刑事立法与刑事司法带来新挑战：

其一，"违反国家规定"解释难。作为法定犯，一行为构成数据安全犯罪行为应同时满足行政违法性与刑事犯罪性，具备双重违法性特征。其中，行政违法性是前提，行为没有违反前置法，则不可能构成刑事犯罪。然而，在数字经济时代对于如何理解"违反国家规定"仍存在解释争议。虽然《刑法》第96条规定："违反国家规定，是指违反全国人民代表大会及其常务委员会制定的法律和决定，国务院制定的行政法规、规定的行政措施、发布的决定和命令。"但此规定并不能解决如下问题：（1）作为前置法的《网络安全法》《电子商务法》《数据安全法》等均要求数据收集利用行为合法、正当、必要，但相关名词含义模糊，缺乏司法实务可操作性，这导致司法实务对数据安全犯罪的认定多依赖于技术鉴定，而非规范的法学判断。（2）违反国家规定应作广义理解还是狭义理解？《刑法》第285条第2款、第286条第2款中的"违反国家规定"与第315条"国家规定"、第330条"国家规定的"、第253条之一"违反国家有关规定"等表述是否一致？（3）国务院授权或批转部委局办制定的部门规章是否属于《刑法》第96条中的"国家规定"？如果不是，又将如何理解？

其二，犯罪行为手段解释难。以非法获取计算机信息系统数据罪为例，本罪属于复行为犯，行为手段为"非法侵入或其他技术手段+获取"。对于侵入与其他技术手段的理解争议较小，但对于如何理解获取仍存在争议。多数说认为本罪"获取"的认定关键在于行为人之行为是

---

① 广东省深圳市中级人民法院〔2017〕粤03民初822号民事判决书。
② 北京市海淀区人民法院〔2017〕京0108民初24512号民事判决书。
③ 北京市海淀区人民法院〔2017〕京0108刑初2384号刑事判决书。

否导致数据的控制权发生转移，持本立场者主张认定"非法获取游戏账户密码+转移他人虚拟财产"的行为构成非法获取计算机信息系统数据罪。少数说认为本罪获取的认定关键在于行为人是否通过下载、复制、浏览等方法获取数据的复制件，持本立场者主张"非法获取游戏账户密码+转移他人虚拟财产"的行为构成破坏计算机信息系统罪（第2款）。①不难发现，尽管获取行为认定在非法获取计算机信息系统数据罪的解释中具有至关重要的作用，但部分学者仍以传统视角观察数字经济时代数据安全犯罪行为，将本罪的获取简单理解为日常用语中的获取，忽视了非法获取计算机信息系统数据罪获取行为与数据安全保密性法益之间的解释联动。还有论者主张在日常用语含义基础上对非法获取计算机信息系统罪的获取含义进行再度扩张，②此观点亦值得商榷。因此，究竟应如何理解数据安全犯罪的行为手段，是数字经济时代保护数据安全面临的新型难点问题。

其三，行为对象解释难。作为数据安全犯罪的共性要件，对刑法中"计算机信息系统数据"的解释理应注意融贯协调，"根据刑法条文在刑法中的地位，联系相关法条的含义，阐明其规范意旨"。③然而，梳理既有观点可发现，针对"计算机信息系统数据"的解释却呈现出另一番景象，大多数解释结论只局限于对某一个罪的碎片化考察，不注重解释结论的体系自洽性。总的来看，刑法学界对刑法中"计算机信息系统数据"的研究主要有两种模式：一是完全分离模式，即在论述"计算机信息系统数据"的含义时仅仅将其放在非法获取计算机信息系统数据罪或破坏计算机信息系统（数据）罪等单一场域进行论证，对两罪之间的关系及两罪行为对象之间的关系则不关注；二是相对分离模式，即在论述"计算机信息系统数据"的含义时，有将非法获取计算机信息系统数据罪与破坏计算机信息系统（数据）罪进行联动体系解释的取向，但在借助解释方法展开具体解释时又不自觉割裂二者，复归分离解释的局面。

其四，行为结果解释难。学界对数据安全犯罪的行为结果之理解较为混乱。以破坏计算机信息系统（数据）罪为例。目前，对其理解主要

---

① 李紫阳. 厘清法益准确认定数据安全犯罪之"获取"[N]. 检察日报, 2021-7-19 (3).
② 北京市海淀区人民法院〔2018〕京0108刑初1410号刑事判决书。
③ 张明楷. 罪刑法定与刑法解释 [M]. 北京：北京大学出版社, 2009：144.

包括以下几种意见：（1）破坏计算机信息系统数据虽不需要达到影响计算机信息系统正常运行的程度，但至少要对计算机信息系统安全产生影响[1]；（2）虽然《刑法》第286条第1款与第2款的表述不同，但基于体系解释的思路应对二者进行相同解释，将破坏计算机信息系统（数据）罪之后果严重解释为应达到造成计算机信息系统不能正常运行的同等或相似程度[2]；（3）破坏计算机信息系统（数据）罪的立法表述已经表明，某一行为只有同时对数据和应用程序进行破坏，且达到后果严重的程度时才构成本罪，如果行为人实施的行为只是对数据造成了破坏，并没有对应用程序造成破坏则不构成本罪。因为破坏计算机信息系统（数据）罪的保护对象具有复合性特征，包括"和"前与"和"后的两项内容。[3]

学理观点争鸣的同时，司法实践亦相互冲突。比如，"张嘉阳非法获取数据案"的刑事判决书提到，要想适用《刑法》第286条第2款对被告人进行定罪与处罚，被告人所实施的行为必须是同时对数据和应用程序进行删改增的行为。如果被告人所实施的行为只是单纯的对计算机信息系统数据的修改，该修改行为不会对计算机信息系统本身造成不利影响，自然也就不能适用《刑法》第286条第2款对被告人进行定罪处罚[4]；"柏亿春破坏计算机信息系统案"的刑事判决书提到，"任子行网络技术有限公司作出的说明，被告人柏亿春添加外挂软件，使未带身份证的成年人以及未成年人也可以上网，虽对计算机系统的功能未造成破坏，但生成了大量虚假数据，该虚假数据传输到公安机关实名监管系统，影响了数据采集的真实性，破坏了公安机关的实名监管"。基于此，法官适用《刑法》第286条第2款破坏计算机信息系统（数据）罪的规定判处被告人柏亿春构成破坏计算机信息系统罪[5]；"李军非法侵入计算机信息系统案"的刑事判决书却认为虽然在破坏计算机信息系统（数据）罪的刑事立法表述上并没有将"造成计算机信息系统不能正常

① 俞小海. 破坏计算机信息系统罪之司法实践分析与规范含义重构 [J]. 交大法学，2015（3）：150.
② 肖怡. 流量劫持行为在计算机犯罪中的定性研究 [J]. 首都师范大学学报（社会科学版），2020（1）：41.
③ 周光权. 刑法软性解释的限制与增设妨害业务罪 [J]. 中外法学，2019，31（4）：960.
④ 福建省厦门市中级人民法院〔2019〕闽02刑终41号刑事判决书。
⑤ 四川省江安县人民法院〔2019〕川1523刑初156号刑事判决书。

运行"作为破坏计算机信息系统（数据）罪之后果严重的限制性条件，但是从体系解释出发可知，破坏计算机信息系统（数据）罪之后果严重的成立要求破坏型数据安全犯罪行为所造成的危害后果应达到造成计算机信息系统不能正常运行的程度，这也是《刑法》第286条第2款的文中之义，如果不作此种解释将违背刑法罪责刑相一致的基本解释原则。同时，法官认为在同一法条内的各款罪状，或由轻到重或由重到轻排列，因此，该条第2款的适用也应当要求造成或影响计算机信息系统不能正常运行。①

总而言之，数字经济时代数据安全刑事犯罪风险凸显，《数据安全法》等前置法的治理举措与建议对刑法治理具有借鉴意义，并实际影响数据安全刑事立法与司法工作。然而，刑法作为后盾法与保障法，本身亦应保持与时俱进，以避免滞后影响犯罪治理实效。因此，本书主张数字经济时代刑法理论应适当调整，回应数字经济发展与数据安全保护需求，构建数字经济时代数据安全刑法治理框架，提高数字经济时代刑法防控数据安全风险能力。

① 上海市徐汇区人民法院〔2019〕沪0104刑初927号刑事判决书。

4 数字经济时代数据安全刑法保护的基本问题

尽管我国的刑法学研究者从 20 世纪末便开始对包括数据安全犯罪在内的计算机安全犯罪进行研究，但计算机"网络时代的挑战才刚刚开始，互联网法学方刚起步"。①不断有新的计算机安全犯罪问题呈现在刑法学研究者面前，并等待着刑法学研究者予以关注与提供解决方案。其中，在计算机网络环境中究竟应该如何理解数据与信息的关系等问题是近些年的研究热点。诚然，欲精准把握数据安全刑法保护问题，不可避免地需要先对数据与信息等概念的关系进行明晰。对该问题的理解也将直接影响对数据安全刑法保护立场、数据安全刑法保护进路、数据安全法益独立性等问题的回应。

4.1 刑法领域数据与信息关系的厘定

对数据与信息的关系问题，学界歧见频出。彭诚信将学界观点归纳

---

① 刘艳红. 网络犯罪的刑法解释空间向度研究［J］. 中国法学，2019（6）：222.

为信息与数据等同型、信息与数据相对型、信息小于数据型、数据小于信息型四种类型；①韩旭至则将之分为信息与数据并用型、信息包含数据型与数据包含信息型。②本书认为相关分类存在些许问题，宜将之调整为双层次四类型分类模式。第一层次为数据与信息并用型和数据与信息区分型，第二层次是在数据与信息区分型项下细分数据与信息相对型、数据大于信息型与数据小于信息型三种类型。本处对数据与信息关系的考察未局限于刑事法领域，而是将视野拓展到所有法学学科，目的是通过整体法域视角对法学学科知识进行总体归纳，促进法学学科内部对数据与信息的关系形成共识性理解。

其一，数据与信息并用型。此观点为多数说，持本观点者认为数据信息在大数据时代没必要区分，即使区分开来，价值亦相对有限，两者差异仅在于概念所强调侧重不同而已，③只需要依照"约定俗成"的习惯理解两者的关系即可。④例如，程啸提出数据与信息在大数据时代不能被分离讨论，离开了信息的数据不具有任何意义，法律上没有必要对之进行调整。⑤李源粒认为大数据的动态过程属性决定了不宜区分把握数据与信息这一组概念，宜整体把握之，通过将之统称为数据信息实现对大数据动态过程的全面把握。⑥

其二，数据与信息区分型。随着研究的深入，学者们意识到应区分使用数据与信息概念，但对两者的关系还存在如下不同理解：

（1）数据与信息分层型，即认为数据与信息属于不同逻辑层次的概念。比如，基于莱斯格等域外学者的理论基础，纪海龙将数据划分为物理层、符号层与内容层。物理层是指数据的外在物质载体，比如计算机硬盘等物理设备。符号层是指数据文件，即能被计算机信息系统存储、处理或者传输的二进制比特数据。内容层也称为信息内容，指向一切有意义的信息内容。由此可见，在纪海龙提出以及提倡的数据分层理论中

① 彭诚信，向秦. "信息"与"数据"的私法界定 [J]. 河南社会科学，2019，27（11）：28.
② 韩旭至. 信息权利范畴的模糊性使用及其后果—基于对信息、数据混用的分析 [J]. 华东政法大学学报，2020（1）：85.
③ 谢远扬. 个人信息的私法保护 [M]. 北京：中国法制出版社，2016：6.
④ 郭明龙. 个人信息权利的侵权法保护 [M]. 北京：中国法制出版社，2012：19.
⑤ 程啸. 论大数据时代的个人数据权利 [J]. 中国社会科学，2018（3）：105.
⑥ 李源粒. 网络个人数据安全刑法保护研究 [J]. 重庆邮电大学学报（社会科学版），2015，27（6）：47.

数据文件（即本书的数据）与数据信息（即本书的信息）分别处于不同的层级，相互之间自然就不存在范围上的隶属关系。[①]欧阳本祺[②]、朱宣烨[③]等先后尝试将数据分层理论引入刑法学理论，用以解决虚拟财产犯罪行为定性问题。

（2）数据大于信息型。比如，李爱君认为数据与信息这一组概念应该是前者包含后者的关系，数据是对事物、状态的记录，数据上承载的内容既包括信息，也包括非信息。[④]周斯佳提出，"某一数据之所以只是数据，是因为它只是人们对某种客观存在符号的描述；而某一数据之所以是信息，是因为它在人际交往中具有识别、传播的功能。因此，数据与信息的关系可表述为信息是经过加工的数据，或者说，信息是数据处理后的结果"。[⑤]

（3）数据小于信息型。比如，梅夏英认为数据仅是信息的一种记录方式，信息可通过其他非电子数据载体形式被记录。因此，"信息的外延要大于数据"。[⑥]

然而，"法律语言应是确定的。对信息、数据混用习以为常，本身便是不正常的"。[⑦]民法中批评数据与信息并用型观点的帷幕早已拉开。比如，有论者在归纳司法判例、立法文本后提出，个人信息保护纠纷和数据权益争议与日俱增的症结在于我国立法精细解释缺位，学理聚讼纷纭，信息与数据及相关概念模糊不清。[⑧]还有论者提出并用数据与信息，将引发权利设定偏差，对法院保护信息权利、进行法律论证造成严重的困扰。[⑨]刑法中也有相关批评观点，本书认为应区分使用数据与信息概念，而非并用两者，理由如下：

首先，前置法确实存在混用数据信息的现象，但新近立法已表现出区分使用二者的动态。诚然，对民法、行政法等前置法文本进行梳理可

[①] 纪海龙. 数据的私法定位与保护 [J]. 法学研究, 2018 (6): 73-76.
[②] 欧阳本祺. 论虚拟财产的刑法保护 [J]. 政治与法律, 2019 (9): 50.
[③] 朱宣烨. 数据分层与侵犯网络虚拟财产犯罪研究 [J]. 法学杂志, 2020 (6): 124.
[④] 李爱君. 数据权利属性与法律特征 [J]. 东方法学, 2018 (3): 66.
[⑤] 周斯佳. 个人数据权与个人信息权关系的厘清 [J]. 华东政法大学学报, 2020 (2): 89.
[⑥] 梅夏英. 数据的法律属性及其民法定位 [J]. 中国社会科学, 2016 (9): 168.
[⑦] 韩旭至. 信息权利范畴的模糊性使用及其后果——基于对信息、数据混用的分析 [J]. 华东政法大学学报, 2020 (1): 96.
[⑧] 彭诚信, 向秦. "信息"与"数据"的私法界定 [J]. 河南社会科学, 2019, 27 (11): 26.
[⑨] 韩旭至. 信息权利范畴的模糊性使用及其后果—基于对信息、数据混用的分析 [J]. 华东政法大学学报, 2020 (1): 85.

以发现，混用数据与信息表述的现象普遍存在。例如，《电子商务法》第25条、《人类遗传资源管理条例》第24条等均使用了"数据信息"概念。司法裁判领域也常见将"数据信息"概念合并使用的情形。比如，"新浪诉脉脉案"中，法院认为"在信息时代，数据信息资源已经成为重要资源"。①对此现象，自然不应过于苛责。立法与司法活动是人的活动，会受制于学识阅历等因素，难作出超越时代的能动判断。然而，随着对计算机技术的深入了解，前置法领域区分使用两者的立法动向较为明显，应不存在过多争议。例如，《网络安全法》将网络数据安全保护内容规定在该法第三章网络运行安全第一节"一般规定"与第二节"关键信息基础设施的运行安全"中。将公民个人信息安全、商业秘密安全等信息安全保护的条款规定于第四章"网络信息安全"中。此举表明了立法者区分保护数据安全与信息安全的决心。

在《民法总则》的制定过程中曾有并合使用"数据信息"的建议，但此做法引致较多争议。②为平息争议，《民法总则》自二审稿开始用"数据"替换"数据信息"表述，并在最终表决通过的《民法总则》中将个人信息与数据分别规定在该法第111条与第127条。对于这些规定，《民法典》没有进行修改，原文维持。2021年出台的《数据安全法》更是直接以数据安全为保护对象，将数据定义为"任何以电子或其他方式对信息的记录"，进一步确证数据的载体属性，以及信息的内容属性，将两者视为载体与内容的关系。

其次，刑事立法者早在1997年便有意识地独立保护"计算机信息系统数据"。与1979年《刑法》不同，1997年《刑法》第286条第2款明确规定其保护的对象包括"计算机信息系统数据"，而非模糊的"数据信息"。2009年《刑法修正案（七）》考虑到"一些不法分子利用技术手段非法侵入1997年《刑法》第285条规定以外的计算机信息系统，窃取他人账号、密码等信息，或者对大范围的他人计算机实施非法控制，严重危及信息网络安全"，③增设第二款"非法获取计算机信息系

---

① 北京市知识产权法院〔2016〕京73民终588号民事判决书。
② 李适时. 中华人民共和国民法总则释义 [M]. 北京：法律出版社，2017：396.
③ 高铭暄. 中华人民共和国刑法的孕育诞生和发展完善 [M]. 北京：北京大学出版社，2012：513.

统数据、非法控制计算机信息系统罪"。此外，在独立保护"计算机信息系统数据"的同时，刑法中还存在大量专门保护信息安全的罪名，如内幕交易罪、泄露内幕信息罪、侵犯公民个人信息罪等。2021年3月1日施行的《刑法修正案（十一）》再次表明了立法者区分使用数据与信息的意图，如《刑法修正案（十一）》第四条规定"（一）关闭、破坏直接关系生产安全的监控、报警、防护、救生设备、设施，或者篡改、隐瞒、销毁其相关数据、信息的"。此处，立法者将数据与信息进行了并列规定，而不是并合规定。因而，既然立法者态度已明确，解释者没有理由强行将数据解释为信息，更没有必要将保护数据的条款生硬解释为"不如说是保护的信息"①。

最后，数据与信息并用型观点存在引致司法争议隐忧。实践中，凡是以数据为媒介侵犯传统刑法法益的犯罪行为都会涉及对涉案数据法益本质的判断，这就使司法适用中出现数据安全犯罪与其他犯罪罪名适用争议问题。经归纳，目前存在如下五种观点：牵连犯论②、单纯一罪论③、法条竞合论④、想象竞合论⑤、数罪并罚论⑥。由以上争议可管中窥豹，了解数据与信息并用型观点可能带来的司法实践隐忧。

明确应区分使用数据与信息后，还应回应另一问题：数据与信息是否存在包容关系？事实上，数据与信息属于载体与内容的关系，数据是信息的载体之一，信息是数据可提炼的有意义内容。一方面，我们可从信息本体论与认识论、数据关系论与表征论、情报学的数据信息关系理论及信息链理论等理论了解该结论的合理性。⑦另一方面，在立法层面上，此问题也早有定论。数据安全犯罪是典型的法定犯，认定涉案行为是否成立犯罪时，应重点关注前置法的立法动态，并适当调整对数据安全犯罪条款的解释。因此，前置法的变动会影响到数据安全犯罪行为方式、行为对象与行为结果的阐释。既然《数据安全法》明确数据是指任

① 王倩云. 人工智能背景下数据安全犯罪的刑法规制思路 [J]. 法学论坛，2019（2）：35.
② 刘江彬. 计算机法律概论 [M]. 北京：北京大学出版社，1992：157.
③ 杨志琼. 非法获取计算机信息系统数据罪"口袋化"的实证分析及其处理路径 [J]. 法学评论（双月刊），2018（6）：168.
④ 任彦君. 网络中财产性利益的刑法保护模式探析 [J]. 法商研究，2017（5）：120.
⑤ 刘江彬. 计算机法律概论 [M]. 北京：北京大学出版社，1992：157.
⑥ 王倩云. 人工智能背景下数据安全犯罪的刑法规制思路 [J]. 法学论坛，2019（2）：36.
⑦ 韩旭至. 信息权利范畴的模糊性使用及其后果—基于对信息、数据混用的分析 [J]. 华东政法大学学报，2020（1）：88-89.

何以电子或其他方式对信息的记录，则在刑法方面解释两者关系时，宜认可两者间并非包容与被包容关系，而是应明确数据与信息属于载体与内容的关系，特定条件下两者存在相互转化的可能性。

上述理解既与国际通例保持协调，又符合计算机科学理论常识，应为合理的解释结论。一方面，按照国际标准化组织（ISO）在信息技术术语标准中的定义，数据是"信息的一种形式化方式的体现，该种体现背后的含义可被再展示出来，且该种体现适用于沟通、展示含义或处理"。信息是"关于在特定语境下具有特定含义之客体——例如事实、事件、东西、过程或思想包括理念——的知识"。①显然，按照上述定义，信息指的是具有内容含义的知识，而数据是信息的体现形式。②另一方面，计算机及互联网上的数据转换可简化为"信息/数据-数据-信息/智能""多媒体信息虽然表现形式各不相同，但在计算机中都是以0/1二进制代码表示，这就需要对各种媒体信息进行不同编码"。③以数字音频及其处理过程为例，如果要用计算机处理声音，就要先将模拟信号转化为数字信号，通过声音采样、量化与编码实现模拟音频数字化。声音采样、量化主要通过 A/D（模/数）转换器实现，"A/D（模/数）转换器以固定的频率去采样，即每个周期测量和量化信号一次。经采样和量化的声音信号再经编码后就成为数字音频信息，以数字声波文件的形式保存在计算机存储介质中。若要将数字声音输出，必须通过 D/A（数/模）转换器将数字信号转换成原始的模拟信号"。④

4.2　数据安全刑法保护肯定论之展开

数据安全刑法保护立场问题，也可以称为刑法是否应保护数据安全问题。对此，学界存在肯定论与否定论之争。否定论提出，数据不是刑法的评价对象，信息才是刑法的评价对象。既然数据不是刑法的评价对象，数据安全犯罪也就无从说起。⑤还有观点认为与德日不同，我国刑

---

① ISO/IEC 2382：2015（en）Information technology-Vocabulary.
② 纪海龙. 数据的私法定位与保护 [J]. 法学研究，2018（6）：73.
③ 龚沛曾，杨志强. 大学计算机基础 [M]. 5版.北京：高等教育出版社，2009：69.
④ 龚沛曾，杨志强. 大学计算机基础 [M]. 5版.北京：高等教育出版社，2009：270.
⑤ 敬力嘉. 论企业信息权的刑法保护 [J]. 北方法学，2019，13（5）：73.

法关注以信息为中心的计算机犯罪立法体系，此模式不像德国、日本关注计算机系统性，而是强调系统的信息性。因此，计算机信息系统处理的必然是信息。①基于此，刑法保护对象也只能是信息安全，相关犯罪也只能构成信息犯罪。本书的推论被该论者其他文献印证，在其他文章中，该论者在界定信息犯罪的含义时采取了尽可能泛义的态度，即只要与信息有关的犯罪均被其视为信息犯罪。②在此种解释立场下，数据安全犯罪将不存在研究价值，数据安全刑法保护立场自然也应被否定。然而，否定论的论点与论据存在如下问题：

其一，否定论提出"刑法评价的行为对象应是信息而非数据"。③"我国《刑法》中有对'事实''内容''秘密'等进行规制的罪名，所评价的实质对象就是信息"。④该论点类似类推解释。我国《刑法》第285条第2款与第286条第2款明确使用了"计算机信息系统数据"的立法表述，如果按照否定论理解的数据不是刑法评价的行为对象，信息才是刑法评价的行为对象，那么此处的计算机信息系统数据也将被解释为计算机信息系统信息，否则否定论将陷入难以自圆其说的窘境。可是将数据类推解释为信息明显违反了罪刑法定原则，在法教义学上属于超越文义的类推解释。因此，该论者将刑法评价的对象局限为信息，排除数据，是不顾立法表述的错误结论。事实上，刑法保护的对象既包括数据，也包括信息。

其二，否定论存在对刑法保护法益理解偏差问题。有否定论者提出"计算机犯罪所规制的，是通过处理计算机信息系统内部、侧重于计算机信息系统功能维护的数据，从而获取、传播与利用权限认证信息的行为，而信息网络犯罪的相关罪名所规制的均为通过加工处理数据制造、获取、传播和利用信息侵犯刑法所保护相应法益的行为"。⑤此观点存在如下两点值得商榷之处：

一方面，试图在刑法教义学上明确区分计算机犯罪与网络犯罪不具

① 王肃之. 我国网络犯罪规范模式的理论形塑——基于信息中心与数据中心的范式比较 [J]. 政治与法律，2019 (11)：54.
② 王启欣，王肃之. 试论信息犯罪的刑法回应——兼评《刑法修正案（九）》的相关立法条款 [J]. 武汉理工大学学报（社会科学版），2016，29 (4)：658.
③ 敬力嘉. 论企业信息权的刑法保护 [J]. 北方法学，2019，13 (5)：73.
④ 敬力嘉. 论企业信息权的刑法保护 [J]. 北方法学，2019，13 (5)：76.
⑤ 敬力嘉. 论企业信息权的刑法保护 [J]. 北方法学，2019，13 (5)：75.

有可行性。从否定论者文中内容看，其所称计算机犯罪指的是《刑法》第285条、第286条的内容，信息网络犯罪指的是《刑法》第286条之一、第287条之一、第287条之二、第291条之二以及第253条之一的内容。以此为标准区分计算机犯罪与信息网络犯罪存在明显错误。因为第285条、第286条中的计算机信息系统既可能接入网络，也可能未接入网络，一旦将其接入网络并利用网络与其他计算机信息系统进行数据交互，针对此类计算机信息系统实施的犯罪行为应被称为信息网络犯罪。事实上，在互联网时代早期，刑事法学研究中多将第285、第286条规定的罪名称为计算机犯罪，而随着互联网的逐渐普及，"网络犯罪（cyber crime），通常与计算机犯罪（computer crime）、计算机相关犯罪（computer-related crime）的概念互换使用"。①

　　另一方面，该论断误读第285条、第286条的保护对象与保护法益。否定论将两罪保护对象解释为限缩于计算机信息系统内部、侧重于计算机信息系统功能维护的数据，将犯罪行为限缩于通过侵犯上述数据而实施的获取、传播与利用权限认证信息的行为。此论断与刑事立法现状相悖。第285条与第286条共规定了非法侵入计算机信息系统罪，非法获取计算机信息系统数据罪，非法控制计算机信息系统罪，提供侵入、非法获取计算机信息系统程序、工具罪，破坏计算机信息系统罪五个罪名。其中，非法侵入计算机信息系统罪所保护的是国家事务、国防建设、尖端科学技术领域的计算机信息系统保密性（间接起到对其中数据安全的保护）。非法获取计算机信息系统数据罪所保护的是除上述三大重点领域外的计算机信息系统中存储、处理或者传输的数据。依据2011年8月1日由最高人民法院、最高人民检察院联合出台的《关于办理危害计算机信息系统安全刑事案件应用法律若干问题的解释》（以下简称《计算机犯罪解释》）之规定，此处数据典型类型是身份认证信息，对包括身份认证信息在内的所有数据进行侵犯造成经济损失1万元以上，违法所得五千元以上或者其他情节严重，均可以构成本罪。因此，本条所保护之法益为数据安全的保密性。非法控制计算机信息系统

罪保护的是计算机信息系统合法权利人对计算机信息系统的控制权。提供侵入、非法获取计算机信息系统数据罪实为上述犯罪的帮助犯的正犯化。破坏计算机信息系统罪保护的是计算机信息系统运行安全与数据安全的完整性与可用性，保护的对象是计算机信息系统功能与计算机信息系统中存储、处理或者传输的数据。可见，无论是对第285条、第286条整体，还是仅针对其中的某个罪进行分析，均无法得出前述结论。

其三，否定论错误放大中、德两国刑事立法体例的差异。有否定论者提出有学者参照德国刑法中的数据安全犯罪将数据解释为刑法评价对象的观点存在错误，属于对中德刑事立法差异的误读。[①]本书认为用此理由否定我国刑法保护对象包括数据观点过于牵强。因为即便德国刑法条文明确了"数据"的含义，我国刑法未对"非法获取计算机信息系统数据罪""破坏计算机信息系统（数据）罪"中的"数据"下明确的定义，但这并不能否认"数据"是我国刑法保护的对象。事实上，中德两国刑事立法者均没有否定刑法可以同时保护数据和信息。比如，《德国刑法》中的第202条a探知数据罪、202条b截获数据罪、202条c探知和截获数据的预备、第202条d数据窝藏、第303条a变更数据罪、第303条b破坏计算机罪等均明文规定了以数据为保护对象。《德国刑法》第2章叛国和外患罪里包括大量以信息为保护对象的罪名，包括第94条叛国罪、第95条公开国家机密罪、第96条叛国的侦查，刺探国家机密罪、第97条泄露国家秘密罪、第97条a出卖非法机密罪、第97条b出卖误认为非法的机密罪、第98条叛国的谍报行为罪、第99条秘密职务的谍报活动罪等。[②]据此，本书认为否定论者误读了中德两国刑事立法体例。其实，换种思路看，正由于《德国刑法》以及其他国家与地区刑法选择以数据为中心建构计算机犯罪刑法规范体系，恰恰证明了该规范体系的合理性。

其四，否定论低估了以数据为中心构建计算机犯罪刑法规范体系的价值。有否定论者提出信息在刑法意义上具有征表多重法益的功能，而数据则不具备此种功能，因此，我们应将信息理解为刑法的评价对

① 敬力嘉. 论企业信息权的刑法保护 [J]. 北方法学，2019，13（5）：76.
② DEUTSCHES STRAFGESETZBUCH. 德国刑法典 [M]. 徐久生，译. 北京：北京大学出版社，2019：30-311.

象。①诚然，此见解一定程度上指出了信息可征表多种法益的客观现实。比如，信息可以指具有可识别性的个人信息、可以是具有保密性的商业秘密、可以是影响国家安全的国家秘密等。在涉及信息安全犯罪个案处理时应根据信息征表法益的不同在刑法中确定与之对应的罪名。然而，否定论对数据的评价却明显有失偏颇，致使否定论陷入错误二值逻辑困境，好似刑法评价的行为对象只能在数据与信息中选择一个，不能两者兼顾。然而，与信息相似，数据同样可征表多种法益，甚至数据所征表的法益类型包含信息所能征表的法益类型。直接侵害数据安全法益的数据安全犯罪，可能同时间接侵害信息安全法益。②因此，相对于以信息为对象构建计算机犯罪规范体系，以数据为对象全面构建数据安全犯罪刑法规范体系更能起到保护刑法法益的功用。

其五，否定论误解了去识别性标准在刑法中的规范意义。有否定论者提出在刑法视域中，去识别化技术在规范与技术两个层面都无法实现对个人信息的有效脱敏。因此，以去识别化为标准区分个人信息与一般数据，在民法学领域内可以成为相对明确的标准，但是在刑法学领域内却并不具有规范意义。③令笔者难以理解的是，为何民法中可以将去识别化作为区分标准，而刑法中却不行？难道仅因去识别技术手段无法实现对所有身份标识的彻底清除？既然不承认去识别化技术能够对个人信息进行有效脱敏，又为何在民法中将之作为区分个人信息与一般数据的标准？实际上，"在更为有效的个人信息认定标准出现前，我们还不能因噎废食，彻底放弃身份识别"。④刑法领域强调个人信息去识别化并不是追求个人信息安全风险的绝对消除，而是期望个人信息安全风险最小化。因此，经过去识别化处理的个人数据可以被他人利用技术手段再识别，充其量也只是去识别化技术剩余风险的体现，这部分剩余风险在刑法上属于被容许的风险。

其六，否定论误读刑法中计算机信息系统的规范含义。有否定论者为证明其提出的"计算机信息系统处理的是信息，而非数据"之论点正

---

① 敬力嘉. 论企业信息权的刑法保护 [J]. 北方法学，2019，13（5）：75.
② 欧阳本祺. 论数据犯罪的双层法益 [J]. 当代法学，2023（6）：64.
③ 敬力嘉. 论企业信息权的刑法保护 [J]. 北方法学，2019，13（5）：76-77.
④ 岳林. 超越身份识别标准——从侵犯公民个人信息罪出发 [J]. 法律适用，2018（7）：42.

确性，又以我国《刑法》中使用"计算机信息系统"，而非日本使用的"电子计算机"、德国使用的"计算机"为由，①得出我国刑事立法更强调系统的信息性之结论。②然而，此解读明显误读了我国《刑法》中计算机信息系统的规范含义。我国《刑法》中使用了"计算机信息系统""计算机系统"等立法表述，其深层原因是立法者"考虑入侵计算机信息系统、破坏计算机信息系统、数据或应用程序的对象应当是数据库、网站等提供信息服务的系统，而传播计算机病毒如果只影响计算机操作系统本身，即使不对系统上的信息服务造成影响也应当受到处罚"。③此种将操作系统本身与信息服务功能相区分的认知符合当时网络建设现状，但却与信息网络时代迈向数据网络时代的现实背景不符。

因此，最高人民法院与最高人民检察院在"经征求意见，技术专家均认为在目前的计算机技术条件下，'计算机信息系统'和'计算机系统'没有本质区别"后，④决定在《计算机犯罪解释》中将其统一解释为具备自动处理数据功能的系统，包括计算机、网络设备、通信设备、自动化控制设备等。比如，"很多操作系统自身也提供互联网服务、文件传输协议服务，而侵入操作系统也就能够实现对操作系统上提供信息服务的系统实施控制，破坏操作系统的数据或者功能也就能够破坏操作系统上提供信息服务的系统的数据或者功能，从技术角度无法准确划分出提供信息服务的系统和操作系统"。⑤显然，我国"计算机信息系统"强调的重点不再是系统信息性，而是系统数据自动处理性。因此，该论者的观点并不合理。

其七，否定论误判《网络犯罪公约》与数据中心规范模式的关系。有否定论者提出只要认可《网络犯罪公约》的合理性就相当于承认了数据中心规范模式的合理性，否认《网络犯罪公约》的合理性就

---

① 王肃之. 我国网络犯罪规范模式的理论形塑——基于信息中心与数据中心的范式比较 [J]. 政治与法律，2019 (11)：50.
② 王肃之. 我国网络犯罪规范模式的理论形塑——基于信息中心与数据中心的范式比较 [J]. 政治与法律，2019 (11)：54.
③ 严惩危害计算机信息系统安全犯罪 保障互联网的运行安全与信息安全——最高人民法院、最高人民检察院研究室负责人就《关于办理危害计算机信息系统安全刑事案件应用法律若干问题的解释》答记者问 [J]. 司法业务文选，2011 (34)：49.
④ 陈国庆，韩耀元，吴峤滨.《关于办理危害计算机信息系统安全刑事案件应用法律若干问题的解释》理解与适用 [J]. 人民检察，2011 (20)：53.
⑤ 聂立泽，胡洋. 全国首例开发微信外挂软件销售案的刑法定性问题研究 [J]. 南都学坛（人文社会科学学报），2018，38 (3)：66.

相当于否定数据中心规范模式的合理性。然而，数据中心规范模式仅是一种立法模式，而非确定的立法文本，所有强调在计算机网络犯罪罪名体系构建时注重对于"数据"保护的立法建议都属于数据中心规范模式立法建议。因此，《网络犯罪公约》只是数据中心规范模式的范本之一，采纳该模式的还有《德国刑法典》《日本刑法典》等。因此，该论者的观点存在误将数据中心规范模式等同于《网络犯罪公约》的问题。

此外，该论者将信息中心规范模式与数据中心规范模式分歧归因于《网络犯罪公约》，①并以是否支持该公约为我国网络犯罪立法蓝本作为标准，将学界意见分为肯定说与否定说，进而对否定说表示支持，并认为中国网络犯罪立法应独立自主进行，不应照搬欧盟《网络犯罪公约》等国际条约。②由此可见，该论者实际上是将支持引入《网络犯罪公约》相关立法内容的学者划到了数据中心论一派，暗含肯定说者都是照搬《网络犯罪公约》相关立法，未依据本土情况进行适应性改造的评价。可是，此评价对肯定说者而言并不公平，因为既然该论者所支持的信息中心规范模式可以在反对照搬《网络犯罪公约》的同时，主张对《网络犯罪公约》进行适度借鉴，那么，为何数据中心规范论者就一定会照搬《网络犯罪公约》呢？这明显不符合常理，且与理论、实践境况均不符。比如，皮勇提出"虽然《网络犯罪公约》存在前述缺陷，但并非一无是处，联合国框架下相关新国际公约仍然可在充分借鉴现有法律文书成功经验的基础上进行，其部分规定如侵犯计算机数据和信息系统安全犯罪立法条款值得借鉴。该公约不符合中国的利益和立场，中国没有必要加入，但汲取包括《网络犯罪公约》在内的国外立法成功经验，不仅有助于完善中国网络空间犯罪立法，还能够协调与发达国家相关立法一致，推动与相关国家建立双边或者多边司法协助，合作打击跨国网络空间犯罪，对制定联合国框架下新国际公约发挥积极影响"。③以上均说明并不像否定论者所言，《网络犯罪公约》是数据中心与信息中心

---

① 王肃之. 我国网络犯罪规范模式的理论形塑——基于信息中心与数据中心的范式比较 [J]. 政治与法律，2019 (11)：44.
② 王肃之. 我国网络犯罪规范模式的理论形塑——基于信息中心与数据中心的范式比较 [J]. 政治与法律，2019 (11)：45.
③ 皮勇. 论中国网络空间犯罪立法的本土化与国际化 [J]. 比较法研究，2020 (1)：138.

规范模式的分歧根源。实际上，本书所提及的数据中心规范模式与信息中心规范模式是超越具体的立法文本基础上的两种规范思路，而非明确指代《网络犯罪公约》或德国、日本乃至我国的刑事立法，两者的分歧根源是应否围绕"数据安全"调整与修改数据安全犯罪立法，是刑法规范思路之争，而非具体刑事立法体例之争。

另一方面，《网络犯罪公约》的不足不能成为否认《网络犯罪公约》秉持的数据中心规范模式合理性的理由，也不能成为证明其所支持信息中心规范模式更具合理性的理由。该否定论者提出，不能以《网络犯罪公约》为刑事立法蓝本重构我国计算机犯罪规范体系，因为《网络犯罪公约》制定于 2001 年，所规定的犯罪类型难以全面契合我国实际，早已落后于网络犯罪的发展，且我国并未加入、也未计划加入《网络犯罪公约》。①相关意见十分中肯，但不够全面，不能成为否认我国应借鉴《网络犯罪公约》构建数据中心规范模式的立法理由，更不能成为应采信息中心规范模式的立法理由。我国拒绝加入《网络犯罪公约》，除去其制定时间较早、不能完全契合我国现状外，最主要的原因是《网络犯罪公约》第 32 条 b 款的存在，"这项条款规定各国可以跨界获取他国数据，而不需要通过数据主管部门的允许"。②这与中国所秉持的主权、共治、普惠的网络犯罪国际治理原则相违背，③因此，中国政府一直主张应在联合国框架下制定新的国际性公约。

在与欧美老牌网络强国博弈的过程中，中俄两国的态度相对一致，共同期望推动制定新的打击网络犯罪国际公约。俄罗斯在 2017 年向联合国提交了《联合国打击网络犯罪国际合作公约草案》（以下简称草案），④体系安排方面与《网络犯罪公约》基本保持一致。⑤这意味着俄罗斯并不排斥《网络犯罪公约》，只是主张应在联合国框架下对《网络犯罪公约》进行适当修改。我国驻联合国网络犯罪问题政府间专家组的

① 王肃之. 我国网络犯罪规范模式的理论形塑——基于信息中心与数据中心的范式比较 [J]. 政治与法律，2019（11）：45.
② 伊戈列维奇. 俄罗斯在打击网络犯罪上的主张 [J]. 信息安全与通信保密，2018（1）：21.
③ 蔡高强，焦园博. 论联合国框架下网络犯罪国际治理的中国立场 [J]. 中央民族大学学报（哲学社会科学版），2019，46（2）：124.
④ 李彦. 网络犯罪国际法律机制建构的困境与路径设计 [J]. 云南民族大学学报（哲学社会科学版），2019，36（6）：141.
⑤ 李彦. 建构新的全球打击网络犯罪公约路径 [J]. 中国信息安全，2018（7）：94.

态度与俄罗斯基本相同，认为联合国框架下的相关新国际公约仍然"可在充分借鉴现有法律文书成功经验的基础上进行"。①据此，笔者认为相关论者以《网络犯罪公约》存在缺陷便否定整个公约的合理性，进而否定在刑事立法中关注数据安全保护问题重要性之观点并不合理。

其八，否定论者误解一元制立法模式与信息中心规范模式的关系。有否定论者提到"我国采取一元的刑事立法模式，而非德日的二元刑事立法模式，移植《网络犯罪公约》的行为模式存在体系障碍……我国采取的一元的刑事立法模式，即所有犯罪的行为模式和法律后果均由刑法予以明确，由此选择统筹性和延展性更为充分的信息范式来确立网络犯罪行为类型有其特定化的依据"。②笔者对此持质疑态度，该论者不仅没有给出信息范式更具统筹性和延展性的理由，更没有说明为何在我国一元刑事立法模式下就不能借鉴《网络犯罪公约》的数据中心规范模式。或许，得出该结论的原因是其认为一元的刑事立法模式的修改周期较长、程序繁杂、弹性较差，难以及时回应犯罪治理的需求。然而，自1997年《刑法》开始，我国除去一部单行刑法外，在修法形式上采取了较为灵活的修正案方式。③几十年的刑法修正经验表明，利用刑法修正案的方式对现行刑法条文进行相应增加、删减与修改是较为合理的修法方式，"可以依据修改幅度的大小调整相应的修法程序，对于修法幅度较大的修正案，可提请全国人大表决通过；对于修法幅度较小的修正案，则可提请全国人大常委会表决通过。后者修法程序相对简单，其灵活性不亚于单行刑法和附属刑法规范，完全可以应对犯罪形势的迅速变化"。④因此，从本质上看，我国采取一元还是二元的刑事立法模式与网络犯罪领域中采取数据中心还是信息中心立法模式并没有直接、必然的关联，一元刑事立法模式下同样可以按照数据中心的思路构建相对完善的数据安全犯罪制裁体系。

综上所述，笔者认为否定论的价值在于向外界展示了数据中心规范

① 佚名.中国代表团出席"联合国网络犯罪问题政府间专家组"的代表团发言"关于研究报告草案的一般性评论"[EB/OL].[2023-11-20].http://vienna.china-mission.gov.cn/chn/hyyfy/201303/t20130304_8859092.htm.
② 王肃之.我国网络犯罪规范模式的理论形塑——基于信息中心与数据中心的范式比较[J].政治与法律，2019（11）：55.
③ 陈兴良.回顾与展望：中国刑法立法四十年[J].法学，2018（6）：31.
④ 赵秉志.当代中国刑法法典化研究[J].法学研究，2014（6）：186.

模式与信息中心规范模式的冲突，表明了相关论者支持信息中心规范模式的立场，但却没能很好地论证信息中心规范模式优于数据中心规范模式，甚至可以说，否定论的观点"不仅未能认清信息技术发展的现状，也与当下各国已有的财产法律框架不相符"。[①]

4.3　以狭义数据安全犯罪为研究对象

数字经济时代将数据安全视为刑法保护对象，将数据安全犯罪作为类罪处理，没有法理与立法障碍。尽管如此，仍需注意，否定论的相关观点具有一定的启发价值，值得持续关注，并在商榷中共同推动数据安全刑法保护问题研究。针对数据安全刑法保护肯定论，笔者持肯定态度。数字经济时代的到来使数据独立保护价值剧增，加上《刑法》第285条第2款与第286条第2款的立法规定，早已确证数据安全刑法保护的必要性。目前，肯定论内部根据研究对象范围不同，尚存在广义说、折中说与狭义说之争。

广义说认为所有与数据安全相关的犯罪都是数据安全犯罪。比如，有论者提出涉数据网络犯罪以数据侵害为核心，主要包含计算机犯罪、盗用个人信息犯罪、网络诈骗犯罪等，是一种全新的犯罪模式。[②]基于此说，数据安全刑法保护的研究范围极其广泛，只要与数据安全相关的违法犯罪行为都应成为研究对象。比如，侵犯电子化公民个人信息、侵犯数字化商业秘密、侵犯网络虚拟财产、侵犯计算机信息系统数据等。数字经济时代从周密保护数据安全的角度看，广义说无疑具有重要价值，可以将刑法研究的范围拓展到数字经济时代的方方面面，实现数字经济时代数据安全保护理论的全面升级。然而，由于广义说的研究范围过于宽泛，易导致研究目标不明确，研究主线不清晰。因此，在数据安全刑法保护研究初期，不宜采纳广义说的研究立场，折中说与狭义说更为适宜。

折中说认为数据安全犯罪是以数据安全法益为行为对象的犯罪。比

---

① 王镭. "拷问"数据财产权——以信息与数据的层面划分为视角 [J]. 华中科技大学学报（社会科学版），2019，33（4）：107.
② 毛立志. 涉数据网络犯罪的法律规制研究 [J]. 人民论坛·学术前沿，2022（19）：110.

如有论者提出数据安全犯罪包括以数据为对象或以数据为工具的犯罪，①即在区分数据、信息与计算机信息系统的情况下，对数据安全、信息安全和计算机信息系统安全进行分类保护，实现数据安全法益的独立化、类型化保护。还有观点提出，刑法应保护数据法益，而数据法益是指以大数据为保护对象的合法利益。②整体看，折中说是从数据安全法益角度确定数据安全刑法保护研究范围，而狭义说则是从"实体法规范+数据安全法益"的角度确定数据安全刑法保护范围。狭义说指出数据安全刑法保护的研究范围是以数据为对象的犯罪，重点探讨刑法中数据安全犯罪罪名的司法适用问题，以消除司法适用中存在的疑难问题为研究目标。③还有论者认为数据犯罪"是以数据为犯罪对象、严重扰乱国家数据管理秩序的犯罪行为"。④在狭义说的研究体系中，数据安全犯罪的司法适用跳出了传统计算机犯罪体系，以数据安全保密性、可用性与完整性法益作为核心概念重释数据安全法益，厘清数据安全犯罪构成要件，确定数据安全犯罪与其他犯罪之间的关系。⑤

不难发现，折中说与狭义说的核心概念都是数据安全法益，不同之处在于狭义说考虑到了刑法学与犯罪学定义的区别。犯罪学研究者在进行含义界定时并不会刻意将尚未被立法者明文规定的犯罪行为排除在某类犯罪研究范围外，相反，犯罪学意义上的犯罪不仅包括已经被刑事法律予以成文化规定的犯罪行为，而且包括尚未被刑事成文法规定，但应被成文法规定、具有法益侵害性的违法行为。与之不同，刑法学上的犯罪概念强调违法与犯罪的区分，仅仅将已经被刑法分则类型化的犯罪行为作为关注对象。换言之，刑法学中的数据安全犯罪概念应尽量以刑事成文法文本为基础进行提炼与总结，而犯罪学的数据安全犯罪概念只需要表明研究的是针对数据实施的严重违法或犯罪行为即可，在行为类型、行为手段、行为结果等方面不需要受到现行刑事成文法文本的约

① 王倩云. 人工智能背景下数据安全犯罪的刑法规制思路 [J]. 法学论坛, 2019 (2): 27.
② 孙道萃. 大数据法益刑法保护的检视与展望 [J]. 中南大学学报（社会科学版）, 2017, 23 (1): 63.
③ 杨志琼. 非法获取计算机信息系统数据罪 "口袋化" 的实证分析及其处理路径 [J]. 法学评论（双月刊）, 2018 (6): 163.
④ 刘宪权. 数据犯罪刑法规制完善研究 [J]. 中国刑事法杂志, 2022 (5): 20.
⑤ 杨志琼. 我国数据犯罪的司法困境与出路：以数据安全法益为中心 [J]. 环球法律评论, 2019 (6): 151.

束。因此，数据安全刑法保护立法论研究者倾向于在犯罪学意义上分析数据安全犯罪概念，不仅考察既有的数据安全犯罪刑事立法，而且会考虑将具有严重危害性的数据违法行为犯罪化的问题。数据安全刑法保护司法论研究者则倾向于在刑法学意义上使用数据安全犯罪，多关注既有刑法中数据安全犯罪条文的规范适用问题。

综上所述，本书倾向于以成文法意义上的数据安全犯罪作为研究对象，包括数据安全犯罪行为和属于刑法分则规定的行为类型但尚未构成犯罪的数据安全违法行为，不包括虽违法但尚未被刑法分则规定的诸如滥用数据等数据失范行为。具体而言，研究对象以作为对象型数据安全犯罪之《刑法》第285条第2款、第286条第2款规定的非法获取计算机信息系统数据罪、破坏计算机信息系统（数据）罪为主线，辅之以研究"对象-工具型"数据安全犯罪。

4.4 以法律文本规范解释为研究进路

数据安全刑法保护研究中一直以来都有立法论与解释论两种研究进路。目前，持广义说与折中说的学者基本都希望以立法论为工具，通过反思既有数据安全刑事立法中存在的问题，推动数据安全刑事立法的修正，期望从根本上扭转我国数据安全刑事立法规制中暴露出的调整范围狭窄、关键词内涵不清、相关犯罪罪名衔接不畅等问题。持狭义说的学者则以现行刑法中的数据安全犯罪罪名司法运行实态为考察对象，确定数据安全犯罪司法适用中存在的问题，并有针对性地提出解释论解决方案。笔者认为短期内数据安全犯罪的重点研究进路应是解释论，目的是思考如何促进数据安全犯罪罪名的妥善适用，如何解决司法实践中存在的数据安全犯罪疑难问题。从目前研究成果看，理论界与实务界对什么是数据安全犯罪，什么是数据安全犯罪的保护法益，数据安全犯罪的具体犯罪构成是什么等问题均没有形成共时性理解。此时，仓促地以数据安全犯罪为类罪框架讨论如何完善之，似乎为时过早，意义有限。

此外，根据笔者的观察，目前针对数据安全犯罪所进行的刑事立法创设建议，大多并没有新意且实践价值有限。比如，有学者建议在大数据时代应对数据安全犯罪进行修改，修改的建议包括将公民个人信息替换为数据、将计算机信息系统数据替换为网络数据等。[①]然而，此修改意见明显值得商榷。比如，该论者认为应将《刑法》第285条第2款修改为"非法获取互联网及其衍生数据的，非法获取通过技术性处理或挖掘得到的信息的……"此修改建议就存在三点问题：一是将计算机信息系统数据修改为互联网数据，是否意味着不再保护未联网的计算机信息系统中存储、处理或传输的数据？二是衍生数据究竟如何理解？依照法理，数据可以分为原生数据与衍生数据，[②]而这两种类型的数据又可以根据是否具有可识别性进行再次类型化并分为四种数据类型。这样一来，修改后的条文就需要回答为什么原始数据不受保护，衍生数据与公民个人信息之间是什么关系等问题。三是该论者明明选择区分使用数据与信息这组概念，但却又为何要在修改后的"非法获取计算机信息系统数据罪"中将"非法获取通过技术性处理或挖掘得到的信息的……"行为作为一种犯罪行为予以明确规定？这又该如何回答本罪与其他信息犯罪之间的关系，以及获取、挖掘的信息如果不是被其他已明文规定为犯罪对象的信息时为什么要进行技术性处理等问题。此外，该论者建议将侵犯公民个人信息罪中的公民个人信息调整为数据，将罪名调整为侵犯公民个人数据罪。那么，调整之后的侵犯公民个人数据罪与非法获取计算机信息系统数据罪之间的边界在哪里？两罪之间的关系如何？

数据安全刑法保护立法论研究的目的是促使数据安全犯罪刑法规范体系协调融贯，而不是使其更加混乱。与其在没有对数据安全刑法保护的基本问题有所明确之前便匆忙提出缺乏实效且会产生负面效果的立法建议，倒不如规规矩矩地对既有的数据安全刑法保护规范进行解释论研究。本书将重点对数据安全刑法保护实践中存在的问题进行分析，确定造成司法适用问题的表象与本质成因，并积极在解释论框架内寻找解决方案，以求为罪间边界的确定提供相对明确的教义学标准。

---

① 马微. 理念转向与规范调整：网络有组织犯罪之数据犯罪的刑法规制路径 [J]. 学术探索，2016（11）：88-90.
② 杨立新，陈小江. 衍生数据是数据专有权的客体 [N]. 中国社会科学报，2016-07-13（5）.

4.5 本书数据安全犯罪的界定与理由说明

4.5.1 数据安全犯罪的界定

在刑法学研究中，对数据安全犯罪进行概念界定可能会受到如下质疑：即数据安全犯罪不是刑法概念，强行对数据安全犯罪下定义，就好像画蛇添足。[①]对此观点，本书持相反见解。"法律概念是法律规范的基础，也是进行法律思维和推理的根本环节"。[②]在刑法学研究中，界定相关犯罪的概念内涵能起到很好的引领研究作用，一是限缩研究范围，明确研究边界；二是让阅读者清晰全文研究的核心内容便于知识的传承与消化。因此，将那些具有相同特征的犯罪行为作为一项类罪进行研究并进行含义界定是刑法学研究中的常见现象。比如说我们经常提到的经济犯罪、金融犯罪、网络犯罪、互联网金融犯罪等表述都是这种研究思路的外化征表，且这些概念在各自的研究领域中均已起到了重要的作用。因此，有必要对数据安全犯罪进行明确的概念界定。

根据前文的阐述，在未结合成文法对数据安全犯罪行为类型进行细化前，我们可以对数据安全犯罪进行如下界定：数据安全犯罪是以数据为犯罪对象的犯罪行为。在此定义引导下，可发现1979年《刑法》中并没有关于数据安全犯罪的刑法条文。造成此现象的原因主要有两点：其一，当时的计算机设备数量较少、价值昂贵、体积大。因此，包括立法者在内的一般社会公众对于计算机信息技术的了解有限，自然也就无法形成对计算机犯罪或者称计算机网络犯罪的经验认识，更不可能将之抽象提炼并类型化为具有普遍适用价值的刑法条文。其二，当时刚刚确立了以阶级斗争为纲领转向经济建设为中心的国家工作重点，立法者很难有多余的精力再去关注与经济建设关联不是很大的计算机信息系统的

---

① 张巍. 涉网络犯罪相关行为刑法规制研究 [D]. 上海：华东政法大学，2014：14.
② 雷磊. 法律概念是重要的吗 [J]. 法学研究，2017（4）：74.

发展与保护问题。①由此可知，1979年《刑法》并没有规定计算机犯罪罪名的客观现实与当时社会发展条件相符合，体现出了刑事立法的时代局限性。毕竟即便是立法者也不可能全知全能地预见到未来计算机信息技术的发展与普及程度，预见到未来计算机犯罪行为的类型并予以过度超前的规制。实际上，由于计算机等信息技术的迅速迭代，立法者的反应常常要滞后于技术发展的速度，"网络犯罪立法的滞后性是全球范围内面临的世界性难题"。②

随着计算机网络技术的发展，小型台式计算机开始成为日常化、平民化的商品。然而，从计算机网络技术发展程度看，此时仍处于低级阶段，并且2000年左右的计算机设备使用主体的范围相对有限，主要是政府、企业等财力相对雄厚，技术人员相对充足，对计算机存储、处理或者传输数据功能需求较大的单位。然而，尽管当时计算机网络技术发展仍处于低级阶段，但是伴随着计算机网络技术的普及，计算机犯罪开始出现并日渐猖獗，且犯罪手段仍在不断更新变化，以计算机为犯罪对象或犯罪工具的案件不断出现。

为了缓解计算机犯罪带来的社会治理压力，1996年8月公安部向全国人大提交了《危害计算机信息系统安全方案（草案）》（以下简称《计算机犯罪（草案）》），公安部在该草案中建议全国人大在我国刑法中增设危害计算机信息系统安全条文。③公安部修改刑法领导小组提出的修改方案受到了全国人大的关注。理由在于，在1996年8月31日由全国人大常委会法工委拟定的《中华人民共和国刑法（修改草稿）》中还没有关于数据安全犯罪的立法表述，而1996年10月10日的《中华人民共和国刑法（修订草案）（征求意见稿）》第六章第255条便开始对破坏计算机信息系统数据的行为进行犯罪化处理。④后续经过1996年12月中旬的修订草案、1997年3月1日修订草案、1997

---

① 王燕玲. 中国网络犯罪立法检讨与发展前瞻 [J]. 华南师范大学学报（社会科学版），2018（4）：128.
② 于冲. 网络犯罪罪名体系的立法完善与发展思路——从97刑法到《刑法修正案（九）草案》[J]. 中国政法大学学报，2015（4）：40.
③ 高铭暄，赵秉志. 新中国刑法立法文献资料总览 [M]. 2版.北京：中国人民公安大学出版社，2015：1274.
④ 高铭暄，赵秉志. 新中国刑法立法文献资料总览 [M]. 2版.北京：中国人民公安大学出版社，2015：523.

年3月13日修订草案3次修改最终形成了1997年《刑法》第286条的规定。

通过比较《计算机犯罪（草案）》与1997年《刑法》第286条第2款可知，1997年《刑法》制定时，立法者没有吸纳《计算机犯罪（草案）》中关于窃取计算机信息系统程序、数据罪的相关规定。经过十数年发展，不良后果显现，利用木马程序等技术侵入他人计算机信息系统获取数据等犯罪行为频发，大量计算机信息系统数据因遭受技术攻击而泄露。在此背景下，公安部及时向全国人大及其常委会发出增设非法获取计算机信息系统数据罪名的立法建议。①2009年《刑法修正案（七）》增设第285条第2款非法获取计算机信息系统数据、非法控制计算机信息系统罪。

目前，《刑法》中可以被归入数据安全犯罪的犯罪行为分别是第285条第2款所调整的获取型数据安全犯罪行为以及第286条第2款所调整的破坏型数据安全犯罪行为。此处须注意，不少学者认为"两高"对《刑法》第286条的罪名确定并不合理，提出需要针对第286条的3款内容分别设置刑事罪名的学理建议。比如，胡学相等提出应分设破坏计算机信息系统功能罪、破坏计算机数据或应用程序罪与制作、传播计算机病毒等破坏性程序罪。②对此种观点，本书持肯定意见，具体理由如下：其一，第1款的保护对象是系统功能，第2款的保护对象是系统数据，第3款没有明确规定犯罪对象；其二，第1款的行为手段是删除、修改、增加以及干扰，第2款的行为手段是删除、修改或者增加，第3款的行为手段是故意制作、传播；其三，第1款的犯罪结果要求达到计算机信息系统不能正常运行的程度，第2款则无此要求，第3款要求达到影响计算机信息系统正常运行的程度；其四，第1款与第2款都有"违反国家规定"的限制，如若没有违反国家规定，则即便实施了相关行为也不构成犯罪，而第3款则无该限制，即只要实施了故意制作、传播计算机病毒等破坏性程序的行为即构成本罪；其五，"两高"将《刑法》中的同一个刑法条文中的不同款项对应的犯罪行为分别归纳为不同

---

① 黄太云. 《刑法修正案（七）》解读［J］. 人民检察，2009（6）：16.
② 胡学相，吴锴. 论计算机犯罪的几个问题［J］. 华南理工大学学报（社会科学版），2004，6（6）：15-16.

罪名的例子比比皆是，比如第185条第1款为挪用资金罪，第2款为挪用公款罪。因此，在本书的写作中会将第286条第2款中的"违反国家规定，对计算机信息系统中存储、处理或者传输的数据进行删除、修改或者增加操作的……"这一罪状表述对应的罪名改称为破坏计算机信息系统（数据）罪。因此，在本书中除非作特别说明，破坏计算机信息系统（数据）罪均指向《刑法》第286条第2款之规定。①

综上所述，数字经济时代数据安全刑法保护问题中所研究的数据安全犯罪应主要指"违反国家规定，以计算机信息系统中存储、处理或者传输的数据为行为对象实施的非法获取、删除、修改或者增加的违法犯罪行为"。这里的违法犯罪行为包括犯罪行为和属于刑法分则规定的行为类型但未构成犯罪的违法行为。

如果不是从数据安全刑法保护解释论立场出发，本书所给出的定义会略显促狭。例如，非法数据窝藏行为，非法数据持有行为，不作为数据安全犯罪行为以及利用非技术手段获取、毁损数据的行为等在数据安全刑法保护立法论框架下都应成为研究对象。然而，正如刘仁文在论非法利用个人信息行为入罪问题时提到的，"由于涉及一种新的行为方式的增设，已经不能通过司法解释的方式来实现入罪，否则有违罪刑法定的原则，应采用立法方式，即起草下一次刑法修正案时，将非法使用公民个人信息的行为与非法获取、出售和提供公民个人信息的行为相并列，使其共同成为侵犯公民个人信息罪的规制对象"。②在数据安全刑法保护的研究中，司法解释同样不能将刑法中未列明的行为方式作为一种新的犯罪行为进行增设，解释论中也不可随意将之纳入到数据安全犯罪中，以防止留给刑事司法人员一种错误的认识。当然，在对现行刑法进行解释时也应展开反思性批判，"对刑事立法的批判与解释并不是对立关系，批判性解释可以使刑事立法的形式缺陷得到弥补，也能为刑事

---

① 欧阳本祺也与本书持相似立场，其在对比我国《刑法》与《欧洲网络犯罪公约》"系统干扰罪""数据干扰罪"等相关条款后，提出我国司法实践将第286条前两款规定的行为都认定为"破坏计算机信息系统罪"的做法存在问题，第1款行为可以认定为"破坏计算机信息系统罪"，第2款行为可以认定为"破坏计算机信息系统数据罪"（破坏数据罪）。与欧阳本祺不同的是，本书认为第1款被认定为"破坏计算机信息系统功能罪"更为合适。欧阳本祺. 论虚拟财产的刑法保护 [J]. 政治与法律, 2019 (9): 50.
② 刘仁文. 论非法使用公民个人信息行为的入罪 [J]. 法学论坛, 2019 (6): 125.

立法的完善奠定基础"。①

4.5.2　概念界定的理由说明

本书所作的数据安全犯罪概念界定有以下特别考虑：其一，尊重现行法的规定，将"数据"明确为"计算机信息系统中存储、处理或者传输的数据"。数据一词的涵盖范围较为广泛，既包括计算机信息系统中存储、处理或者传输的数据，也包括非计算机信息系统中存储、处理或者传输的数据，而是否为计算机信息系统数据的判断应看存储、处理或者传输数据的设备是否具有自动处理数据功能。详言之，不具备自动处理数据功能的设备中存储、处理或者传输的电子数据不是现行刑法的保护对象，这也是我国刑法与德国等国刑法中将所有数据存储工具中的电子数据都作为刑法保护对象的立法规定的不同之处。

其二，增加了"违反国家规定"的要件，强调数据安全犯罪的法定犯属性。刑法学者历来对是否应该在教义学上区分自然犯与法定犯的问题存在论争，本书认为对自然犯与法定犯进行相对区分具有价值。比如，"违反国家规定"一般是法定犯的规范性构成要件要素，在对法定犯进行罪与非罪的认定时需要判断涉案行为是否违反了国家规定，而这些国家规定往往涉及某一领域的专业知识，因此，在具体认定时存在一定的难度。同时，在法定犯领域内还往往需要判断行为人在违反这些国家规定时是否存在违法性认识错误，如果确实存在行为人对相关国家规定的客观认识不能，则很可能在具体实行行为的性质判定时进行出罪处理或者说排除故意犯罪的成立。②因此，为强调数据安全犯罪的法定犯属性，宜在界定数据安全犯罪时将立法者在第285条第2款与第286条第2款中明确的"违反国家规定"这一构成要件要素进行强调。

《刑法》第96条规定："本法所称违反国家规定，是指违反全国人民代表大会及其常务委员会制定的法律和决定，国务院制定的行政法规、规定的行政措施、发布的决定和命令。"据此，数据安全犯罪之"违反国家规定"中的"国家规定"的制定主体应包括全国人民代表大

---

① 张明楷. 刑法理论与刑事立法［J］. 法学论坛，2017（6）：16.
② 马克昌. 犯罪通论［M］. 武汉：武汉大学出版社，1999：39.

会及其常务委员会与国务院，对此应不存在疑问。存疑的是对"违反国家规定"作广义还是狭义理解？换言之，《刑法》第285条第1款、第2款及第286条中的"违反国家规定"与第315条等罪名条文中的"国家规定"、第330条等条文中的"国家规定的"、第253条之一中的"违反国家有关规定"是否一致？依文义解释立场，不宜对四者等同看待。《刑法》第96条是对"违反国家规定"的限制性解释条款，而非仅仅针对"国家规定""国家规定的""违反国家有关规定"的限制性解释。因此，理应将这些术语区分开来。

此外，国务院授权或批转部委制定的部门规章是否属于《刑法》第96条中的"国家规定"范畴？对此，持肯定态度的学者不在少数。如田宏杰在讨论非法经营罪问题时提出"上述'国家规定'设有授权下位阶的规章等确立非法经营行为种类的条款，以及由国务院对有关部委制定，但经国务院批准并以国务院名义发布的，也可以作为判断的依据"。①此观点值得商榷，应将其分为两部分进行讨论。

（1）经国务院"二次授权"各部委制定出的规范性文件是否属于"国家规定"？对此，笔者持否定态度，《中华人民共和国立法法》（以下简称《立法法》)中的"授权"仅指在该法第8条规定的事项尚未制定法律的，全国人民代表大会及其常务委员会有权作出决定，授权国务院可以根据实际需要，对其中的部分事项先制定行政法规，并且被授权机关不得将被授予的权力转授给其他机关。这说明，经过全国人民代表大会及其常委会"一次授权"获得制定行政法规权限的国务院，并没有权限再次将相应的权限"二次授权"给其下属各部门。下属各部门依照本种名义上的"授权"制定出的规范性文件并非《立法法》意义上的"授权"，依照本种国务院的"二次授权"由各部委制定出来的规范性文件其法律效力最高只能是部门规章，不能因"二次授权"的存在提升其法律效力至国务院制定的行政法规、规定的行政措施、发布的决定和命令。

（2）经国务院批准、各部委制作出的规范性文件是否属于"国家规

① 田宏杰，阮柏云. 非法经营罪内涵与外延扩张限制思考 [J]. 人民检察，2012（23）：23.

定"？一般情形下，经国务院各部委制作、国务院批准、以各部委名义发布的规范性文件不应被视作《刑法》第96条中的"国家规定"。一方面，根据宪法规定，国务院制作的规定与各部委制作的规定名称不同（前者为行政法规，后者为部门规章），效力不同（前者的效力高于后者），既然《刑法》第96条没有明确各部委可以视为其制作主体，自然不能对其作扩大解释（或许可称为类推解释）。①另一方面，对国民预测可能性的保障也是拒绝承认其的理论基础，"罪刑法定原则是现代刑法的根本原则，其思想基础是民主主义与尊重人权主义……为了保障人权，不致阻碍国民自由行动，不致使国民产生不安感，就必须使国民事先能够预测自己行为的性质与后果，必须事先明确规范犯罪与刑罚"。②由于国务院部委数量众多，制作发布的规范性文件数量更多，对于其规范性文件制作活动是否经过国务院批准，除非具有专业法律知识的人员外，基本无法进行精准溯源。更多时候，普通民众是通过考察发布主体来判断相关规范性文件的效力层级，各部委发布的文件效力低于国务院发布的文件，这点即便是没有法律专业知识的人员也可以判断得出。一旦不作区分地将上述国务院批准，部委制作、发布的部门规章视为《刑法》第96条中的"国家规定"，必将"不利于人们对自己的行为性质作出合理的预测，不适当地限制了人们的自由，也将难以避免司法实践中出现出入人罪的情况，与法的预测可能性要求相悖"。③

不同的是，如果是经过国务院批准，各部委制作、国务院发布的文件便不再是单纯意义上的部门规章，其实质上具有了国务院的属性。④目前，为防止出现不同意见，避免不必要的学理争议，最好是由全国人民代表大会常务委员会制定相应立法解释，明确认可由国务院批准，部委制定、以国务院名义发布的规范性文件可以被理解为《刑法》第96条规定的"国家规定"。相关立法解释应明确批准程序和发布程序，通过双重限制防止行政性质规范性文件的易变性对刑法的稳定性造成过度

① 王恩海. 论我国刑法中的"违反国家规定"——兼论刑法条文的宪政意义 [J]. 东方法学，2010（1）：25.
② 张明楷. 罪刑法定与刑法解释 [M]. 北京：北京大学出版社，2009：18-20.
③ 孙万怀，邓忠. 非法经营保安业务实践定性的合理性质疑 [J]. 甘肃政法学院学报，2013（1）：84.
④ 吴大勇，周大京. 论非法经营罪中的"国家规定"[J]. 中国检察官，2016（7）：4.

冲击，即批准程序上须经由国务院常务会议或者国务院全体会议讨论决定；发布程序上要以国务院的名义发布，也就是国务院总理签署发布。①

综上所述，本书通过对现行有效的规范性文件进行筛选后认为，目前可以被称作数据安全犯罪之"国家规定"的规范性文件大致包括如下内容：一种是由全国人大及其常委会制定的法律与决定，主要包括《中华人民共和国民法总则》《中华人民共和国治安管理处罚法》《全国人大常委会关于加强网络信息保护的决定》等。另一种是由国务院制定的行政法规，如《中华人民共和国计算机信息系统安全保护条例》《中华人民共和国电信条例》等。由于涉及数据安全保护的规范性文件总体数量较多，这要求司法者们在进行个案审判时须对相关国家规定进行充分检索与筛选，并将作出行为违反国家规定判断时依据的条款在裁判文书中进行载明。因为"违反国家规定"作为法定的规范性构成要件要素，对行为人的行为在具体个案中是否真的违反了国家规定的判断将直接影响到行为人的实体性权利。因此，对于行为是否属于违反国家规定的判断应持严格限制解释的立场，只违反地方性法规或各部委规章的行为不属于违反国家规定，司法者对行为人行为是否违反国家规定的判断存疑时应报最高院，由最高院作出指示。总之，应以防止"假参照"与"不参照"国家规定进行入罪定性的问题出现在数字经济时代数据安全刑事司法保护领域为终局解释目标。②

---

① 詹红星. "违反国家规定"的宪法解释与司法适用 [J]. 湘潭大学学报（哲学社会科学版），2016，40（5）：41.
② 欧阳本祺. 对非法经营罪兜底性规定的实证分析 [J]. 法学，2012（7）：122-123.

5 数字经济时代数据安全法益的
独立提出与阐释

5.1 数据安全犯罪保护法益之争

曾有学者鞭辟入里地提出数字经济时代数据安全刑法保护领域的诸多问题，根源在于数据安全犯罪保护法益的立法批判与规范解释功能没能正常发挥。[①]刑法学界对于刑法法益是否具有立法批判功能还存在争议。比如，否定说认为刑法法益理论不具有批判刑事立法的功能，不能成为批判刑事立法合理性与否的工具，"即使承认犯罪的本质是法益侵犯，也只能在刑法解释范围内腾挪，在政策评价领域或者说在刑事立法领域，无法直接证明法益保护理论可以提供一个立法批判功能"。[②]有论者甚至提出，"刑法学应专注于法益的解释规制机能"。[③]与之不同，

① 杨志琼. 我国数据犯罪的司法困境与出路：以数据安全法益为中心 [J]. 环球法律评论，2019（6）：161.
② 孙万怀. 刑法修正的道德诉求 [J]. 东方法学，2020（1）：102.
③ 陈家林. 法益理论的问题与出路 [J]. 法学，2019（11）：3.

笔者倾向于认可刑法法益的刑事立法批判功能。"法益的功能是由其作为犯罪本质特征的属性所决定的。这就决定了只要与定罪和量刑相关的问题，法益都能发挥作用和影响。因此，若认为法益不具有立法上的政策性功能，很难说得过去"。①

可以预测，对刑法法益是否具有立法批判功能这一问题，刑法学者们的论辩仍会持续下去。不过，由于本书所采取的研究进路是解释论，因此，对该问题本书可暂时不进行过多的讨论，只关注在数据安全犯罪这一类罪领域刑法法益的解释论功能发挥情况即可。数据安全犯罪保护法益的精准界定是解决数字经济时代数据安全刑法保护实践问题的关键因素，而对数据安全犯罪保护法益进行精准界定的前提是对既有的数据安全犯罪刑法法益理论进行全面归纳，并在归纳与评析现状的基础上对数据安全犯罪保护法益内容进行教义学追问与证成。

笔者将既有刑法法益理论分为传统观点与反思观点两种类型。传统观点是指没有关注到数字经济时代的到来对数据安全犯罪保护法益理论产生的冲击，多以所谓立法原意为观点背书的法益理论。反思观点是指关注到了数字经济时代的到来对数据安全刑法保护带来的现实冲击，主张在新时代背景下反思传统观点，提出新的或修缮旧的刑法法益理论，以谋求刑法理论与社会实践的同步发展，这些观点多以社会变化为落脚点对相关法条进行客观解释的法益理论。或许，在此使用传统观点与反思观点这组名词，在词义上看不甚对称，但是却可以表现出后者是对前者的反思批判，是在前者基础上演进出的新观点这一理论现实。

对学界关于非法获取计算机信息系统数据罪与破坏计算机信息系统（数据）罪保护法益的观点进行提炼后，笔者将数据安全犯罪传统法益观点分为单一法益说与复数法益说（具体内容见5-1）。

其一，单一法益说，即认为数据安全犯罪罪名在一个构成要件只保护一个法益。对非法获取计算机信息系统数据罪而言，单一法益说大致有四种观点：（1）计算机信息系统安全。持本立场的有高铭暄②、黎宏

---

① 彭文华. 法益与犯罪客体的体系性比较 [J]. 浙江社会科学，2020（4）：52.
② 高铭暄，马克昌. 刑法学 [M]. 8版. 北京：北京大学出版社，高等教育出版社，2017：537.

表5-1 数据安全犯罪传统法益理论

单一法益论	非法获取计算机信息系统数据罪	计算机信息系统安全
		计算机信息系统运行安全
		信息安全
		数据传输私密性
	破坏计算机信息系统（数据）罪	计算机信息系统安全
		国家对计算机信息系统的管理秩序
		公共管理秩序
		计算机信息系统的正常功能与安全
复数法益论	非法获取计算机信息系统数据罪	数据安全与系统功能
		国家对计算机信息系统安全的管理秩序、计算机信息系统的正常运行秩序及计算机信息系统及其存储、处理或传输的数据的安全
	破坏计算机信息系统（数据）罪	国家对计算机信息系统的安全运行管理制度和计算机信息系统的所有人与合法用户的合法权益
		数据的安全性与应用程序的完整性

等①。（2）计算机信息系统运行安全。持本立场的有刘明祥等②。（3）信息安全。持本立场的有徐凌波等。徐凌波认为本罪的保护法益内容是信息安全，即立法者将计算机信息系统数据视为作为公共秩序法益的信息安全法益的一种类型进行保护。③（4）数据传输私密性。持本立场的有徐久生等。徐久生认为我国非法获取计算机信息系统数据罪保护的法益与《网络犯罪公约》中相关条款保护的法益相同都是数据传输私密性，而非财产性利益。④对破坏计算机信息系统（数据）罪而言，单一法益说大致也有四种观点：（1）计算机信息系统安全。持本立场的有喻海松⑤、米铁男等⑥。（2）国家对计算机信息系统的管理秩序。持

① 黎宏. 刑法学各论 [M]. 2版.北京：法律出版社，2016：363.
② 刘明祥. 窃取网络虚拟财产行为定性探究 [J]. 法学，2016（1）：156.
③ 徐凌波. 虚拟财产犯罪的教义学展开 [J]. 法学家，2017（4）：56.
④ 徐久生，管亚盟. 网络空间中盗窃虚拟财产行为的刑法规制 [J]. 安徽师范大学学报（人文社会科学版），2020，48（2）：121.
⑤ 喻海松. 网络犯罪二十讲 [M]. 北京：法律出版社，2018：48.
⑥ 米铁男. 基于法益保护的计算机犯罪体系之重构 [J]. 河南大学学报（社会科学版），2014，54（4）：61.

本立场的有邢永杰等①。（3）公共管理秩序。持本立场的有赵宁等。赵宁认为实施破坏计算机信息系统数据的行为只有对公共管理和生产经营秩序造成破坏才能够定罪。②（4）计算机信息系统的正常功能与安全。持本立场的有林建辉等③。

其二，复数法益说，即认为相关数据安全犯罪罪名在一个构成要件中存在对两种或两种以上法益的保护。对非法获取计算机信息系统数据罪而言，主要有如下两种观点：（1）数据安全与系统功能法益。④（2）国家对计算机信息系统安全的管理秩序、计算机信息系统的正常运行秩序及计算机信息系统及其存储、处理或传输的数据的安全。⑤对破坏计算机信息系统（数据）罪而言，复数法益说主要有以下观点：（1）数据的安全性与应用程序的完整性。⑥（2）国家对计算机信息系统的安全运行管理制度和计算机信息系统的所有人与合法用户的合法权益。⑦

近些年也有学者对数据安全犯罪保护法益理论的传统观点进行了反思，但大多没有像本书一样对数据安全犯罪相关法益理论进行体系性梳理，多是直接选取"计算机信息系统安全法益说"为靶子进行批判，主张将计算机信息系统（法益）与数据安全（法益）完全区离，以体现"网络时代性和主体权利属性"。⑧比如，有论者认为由于数据安全犯罪的研究者习惯于根据体系解释的方法将作为计算机犯罪保护法益的计算机信息系统安全作为数据安全犯罪的保护法益，导致数据安全犯罪与数据安全犯罪保护法益的独立研究价值被遮蔽，且在技术评价与规范评价上产生了分歧。⑨还有论者提出现行《刑法》中使用的"计算机信息系统数据"这一概念凸显出了刑法对数据安全的保护理念严重滞后，重信

---

① 邢永杰. 破坏计算机信息系统罪疑难问题探析 [J]. 社会科学家，2020 (7)：81.
② 赵宁. 厘清"修改数据式"破坏计算机信息系统罪 [N]. 检察日报，2020-04-24 (3).
③ 林建辉，黄学鹏. 破坏计算机信息系统罪的电子数据适用研究 [J]. 信息安全与技术，2014 (8)：35.
④ 皮勇，葛金芬. 网络游戏虚拟物数据本质之回归——兼论非法获取网络游戏虚拟物的行为认定 [J]. 科技与法律，2019 (2)：33.
⑤ 喻海松. 网络犯罪二十讲 [M]. 北京：法律出版社，2018：30.
⑥ 刘广三. 计算机犯罪论 [M]. 北京：中国人民大学出版社，1999：181.
⑦ 高铭暄，马克昌. 刑法学 [M]. 8版.北京：北京大学出版社，高等教育出版社，2017：537.
⑧ 魏东. 人工智能算法安全犯罪观及其规范刑法学展开 [J]. 政法论丛，2020 (3)：112.
⑨ 杨志琼. 我国数据安全犯罪的司法困境与出路：以数据安全法益为中心 [J]. 环球法律评论，2019 (6)：157.

息网络安全、轻网络数据安全，导致数据法益保护不周延。①这些反思性观点的逻辑前提基本一致，即均认为之所以需要对数据安全犯罪的传统法益理论进行反思，是因为当我们进入数字经济时代后，数据的量级与数据的价值都在不断提升，数据本体与数据所承载的信息内容日渐分离，数据本体的刑法保护性要不断升高。因此，我们应特别注意在刑法上为数据安全提供独立的、系统的保护，将数据本体所承载的利益作为值得刑法进行保护的独立法益看待。②除去上文重点论述的几种观点外，李源粒、孙道萃、王倩云、黄鹏、刘双阳、欧阳本祺、郭旨龙、于冲等也都有针对性地发表了反思意见。由于观点与上述内容区别不大，不再一一赘述。

可以说，刑法学者们对于什么是数据安全犯罪的保护法益这一问题的理解可谓是"横看成岭侧成峰，远近高低各不同"。然而，在数字经济时代数据安全刑法保护领域同时存在如此多的数据安全犯罪保护法益理论必将造成立法者、司法者与研究者对数据安全犯罪本质内容的认识存在分歧，这一分歧具体到数据安全犯罪的司法适用领域则表现为司法者对数据安全犯罪的构成要件、数据安全犯罪与其他犯罪间的关系等问题的理解存在争议，最终使数据安全犯罪内部、数据安全犯罪与其他犯罪之间的关系始终处于边界不明的状态，导致刑事司法判决缺乏统一的标准，致使刑事司法者在面对数据安全犯罪疑难个案时常无所适从。同时，由于数据安全犯罪定罪标准会随着司法者的不同理解而发生改变还会导致社会大众丧失对自己行为的预测可能性，侵蚀数据安全犯罪的人权保障机能。

其实，通过本节的论述我们不难发现，无论是持传统观点者，还是持反思观点者，在近期的学术文献中主张数据安全犯罪保护法益是数据安全的观点越来越流行。只是持传统观点者没有关注到数据安全的独立保护必要性，多将其与计算机信息系统安全等较为抽象的法益组合在一起形成复数法益说。而持反思观点者则支持对数据安全法益的独立保护，支持将数据安全犯罪的保护法益理解为数据安全法益，而非计算机

---

① 刘一帆，刘双阳，李川. 复合法益视野下网络数据的刑法保护问题研究［J］. 法律适用，2019（21）：112.

② 王倩云. 人工智能背景下数据安全犯罪的刑法规制思路［J］. 法学论坛，2019（2）：27.

信息系统安全等法益。鉴于此现象，本书将数据安全作为法益理论研究的重点内容，并通过将数据安全法益与其他法益理论进行比较判断什么法益才是数据安全犯罪的适格法益。因此，为确证数据安全法益是数据安全犯罪的适格法益，本章将重点讨论如下问题：其一，数据安全犯罪的属性与本质；其二，数据安全是否为适格刑法法益；其三，数据安全法益的体系定位与内容；其四，数据安全法益是否为新型刑法法益？

5.2 数据安全犯罪的属性与本质

在卡尔·宾丁提出的法定犯本质是规范违反这一学说的基础上，刘艳红提出了法定犯是一种法益性欠缺型犯罪的观点，并认为"法益侵害说与规范违反说，也许在法定犯领域需要进一步的论战"。[①]立足于此，笔者认为在对数字经济时代数据安全犯罪保护法益进行追问和展开前，有必要先回答如下问题：数据安全犯罪是法定犯吗？如果数据安全犯罪是法定犯，数据安全犯罪的本质是规范违反性还是法益侵犯性呢？

5.2.1 数据安全犯罪是法定犯

自然犯与法定犯的区分是刑法学理论中的一个老生常谈的问题，对这一组概念进行区分的思想渊源可以向前追溯到古罗马时期的自体恶与禁止恶之分。然而，我们通常认为现代刑法意义上的自然犯与法定犯的区分是由意大利的犯罪学家加罗法洛提出并推广的。加罗法洛提出自然犯是指侵犯了正直与怜悯两种基本利他情感的犯罪，[②]法定犯则是指一种与自然犯相对的犯罪类型，那些没有被列入自然犯范畴的行为都可以被称作法定犯。法定犯的实施者是因为法律禁止性规定的存在才应受到惩罚，实施法定犯行为并不代表行为人在伦理道德层面具有异常性或者伦理道德低下。检视加罗法洛的理论，可得出如下结论：区分自然犯与法定犯的标准是涉案犯罪行为是否能够表征出行为人在道德方面的异常

[①] 刘艳红. "法益性的欠缺"与法定犯的出罪——以行政要素的双重限缩解释为路径[J]. 比较法研究，2019（1）：103.
[②] 加罗法洛. 犯罪学［M］. 耿伟，王新，译. 北京：中国大百科全书出版社，1996：44.

性，或者说是否具有明显的伦理道德违反性。

随着研究深入，学界提出多种自然犯与法定犯的区分标准。然而，每种自然犯与法定犯的区分标准都存在难以克服的缺陷。①因此，刑法学界始终有论者坚持没有必要在刑法学研究中区分自然犯与法定犯。比如，我国学者张文提出"自然犯、法定犯的分类方式必须在刑法理论中终结"。②日本学者大谷实也认为醉酒驾车罪等基于行政取缔目的规定的犯罪，慢慢具有了伦理上的可谴责性。时至今日，自然犯与法定犯之间的区别已经变得不再重要。③然而，刑法学理论研究中区分自然犯与法定犯具有积极价值，不应轻易否定。自然犯与法定犯之间存在不同。比如，违反国家规定一般是法定犯的规范性构成要件要素，在认定涉案行为是否构成法定犯时往往需要判断其是否违反国家规定。涉案国家规定往往又属于专业法规，需要掌握专业知识才能予以正确判断。同时，由于法定犯的成立需要行为人在事实上违反了国家规定，而此类涉及专业知识的国家规定往往会随着社会情态的变化而不断变化，④法定犯也因此形成与自然犯所拥有的相对稳定性特征完全不同的时代易变性特征，进而导致两类犯罪行为的认定、处罚与预防等方面要求皆不相同。⑤

此外，国家管理目标的变化也会导致行政法规的变化，进而导致法定犯构成范围的变化。因而，认定法定犯时需要特别重视对行为人在违反国家规定时是否存在违法性认识错误问题进行判断。如果行为人在行为时确因客观不能认识到有关国家规定的存在（比如身处交通不便的深山，从未与外界接触等因素），则很可能在具体个案中对实行行为进行定性判断时会进行行为出罪处理或者排除故意犯罪的成立。显然，在刑法教义学层面区分自然犯与法定犯具有现实意义。实际上，尽管否定声音不断，但国内大多数刑法学者对该分类持支持态度。国内多数刑法学论著中仍将自然犯与法定犯作为一种法定犯类型进行介绍，甚至2021年国家社科基金将法定犯问题作为重要选题方向。

---

① 张明楷. 自然犯与法定犯一体化立法体例下的实质解释 [J]. 法商研究, 2013 (4): 46.
② 张文, 杜宇. 自然犯、法定犯分类的理论反思——以正当性为基点的展开 [J]. 法学评论（双月刊）, 2002 (6): 41.
③ 大谷实. 刑法总论讲义 [M]. 黎宏, 译. 2版. 中国人民大学出版社, 2008: 89.
④ 刘宪权. 刑法学（上）[M]. 4版. 上海: 上海人民出版社, 2016: 74.
⑤ 刘宪权. 刑法学（上）[M]. 4版. 上海: 上海人民出版社, 2016: 74.

　　总之，法定犯与自然犯的区分并不过时，也不会过时。刑法学研究应正视"法定犯时代的到来"这一客观现实，①将法定犯作为接下来刑法学研究的重点内容。只是在研究时须注意对加罗法洛所率先倡导的、占据刑法学通说地位的伦理道德违反性区分标准进行批判性反思。目前，伦理道德违反性区分标准仍占据通说地位，但此理解误读了加罗法洛的犯罪学思想，加罗法洛本人的相关论著也从未将伦理道德违反性作为区分法定犯与道德犯的唯一标准。②

　　陈兴良近期提出的"形式与实质"双标准说，将自然犯与法定犯的区分标准进行形式与实质的划分。其中，是否存在对现行行政法规范的违反行为是形式标准考察的内容，是否存在对伦理秩序的违反是实质标准考察的内容。如果在具体罪名的考察中仅仅依据其中一项标准不能确认是法定犯还是自然犯，则可以结合形式标准与实质标准进行综合判断。③此观点较为合理，但仍须修正，不应将标准分为形式标准与实质标准，而是应以作用大小分为决定性标准与辅助性标准。决定性标准是行政与刑事的双重违法性，辅助性标准是伦理道德违反性。在确定具体罪名是否为法定犯时，应先考察该罪名是否满足了行政与刑事双重违法性标准，得到肯定结论则可认定为法定犯。因为即便通过进一步考察发现该罪名具有高度的伦理道德违反性，带有明显的自然犯特征，也只能说是法定犯与自然犯的竞合，即同时具有法定犯以及自然犯的特征，而不能说该罪名属于自然犯。

　　本书所研究的数据安全犯罪罪名（非法获取计算机信息系统数据罪、破坏计算机信息系统（数据）罪）是法定犯，符合法定犯行政与刑事双重违法性特征。具体表现是《刑法》将"违反国家规定"作为数据安全犯罪的规范构成要件要素。因此，要以数据安全犯罪罪名对某行为进行定性时，该行为必须违反关于数据安全的国家规定，否则涉案行为将不能进入刑法评价的范围。然而，即使涉案行为违反关于数据安全的

---

　　① 储槐植. 要正视法定犯时代的到来 [N]. 检察日报，2007-06-01（3）.
　　② 加罗法洛提出"拥有它们（指怜悯与政治的基本利他情感）与在表面上侵害它们可以不矛盾，但这时的犯罪便不是真正的犯罪"。可见，在侵害怜悯与正直的基本利他情感的情况下也存在着不是自然犯而是法定犯的情况。加罗法洛. 犯罪学 [M]. 耿伟，王新，译. 北京：中国大百科全书出版社，1996：67.
　　③ 陈兴良. 法定犯的性质和界定 [J]. 中外法学，2020，32（6）：1470.

国家规定，仍需要对之进行刑事违法性判断，即需要对涉案行为手段、行为对象与行为结果是否符合犯罪构成要件进行综合认定。相对来说，目前的数据安全犯罪的伦理道德违反性较弱，但随着数字经济时代的到来，数字人权等新型伦理观正在形成，数字伦理成为新的人际交往规则，数据安全犯罪的伦理道德违反性在不断增强。①只是数据安全犯罪行为的伦理道德违反性再增强，也只能称为法定犯的自然犯化。数据安全犯罪的行政与刑事双重违法性已经决定了数据安全犯罪不可更变的法定犯特性。

5.2.2　数据安全犯罪的本质是法益侵犯

作为法定犯的数据安全犯罪，本质是什么？之所以探讨该问题，是因为虽通说认为法定犯的本质与自然犯没有什么区别，两者本质都是法益侵犯，但有学者提出与自然犯不同，法定犯的本质不是法益侵犯，而是规范违反，即对行政管理秩序的纯粹不服从。②对此理解，本书持否定态度。如若肯定此见解，则刑法中所有法定犯的设定目的只是维护行政管理秩序，维护国家的管理性权威，要求民众服从命令，而不是惩罚或预防行为人实施具体法益侵害行为。如此，刑法规范中法定犯的增设目的除加强国家管理权威外，不仅不能为国民带来任何利益，反而会严重限制国民自由，此规定在刑法中的存在合理性将不可避免地受到质疑。③正如德国学者罗克辛所言，"我们不能为了稳固规范而稳固规范，稳固规范的作用实际上在于防止个人或者社会将来遭受现实的损害（即法益侵害）。因此，对规范的稳固最终服务于法益保护，如果没有这个目的，它将变得毫无意义"。④

基于此，将法定犯的本质理解为单纯规范违反的观点未得到学界多数支持。也正是因存在此问题，有论者提出在刑法教义学上更易被理解与接受的理论命题，即法定犯属于"法益性欠缺"型犯罪，包括"两层意思：第一，意味着法定犯没有侵害法益，只有对国家行政法规的单纯

① 马长山. 智能社会背景下的"第四代人权"及其保障 [J]. 中国法学，2019 (5)：5.
② 张明楷. 法益初论 [M]. 北京：中国政法大学出版社，2000：350.
③ 金德霍伊泽尔. 法益保护与规范效力的保障——论刑法的目的 [J]. 陈璇，译. 中外法学，2015，27 (2)：555.
④ 罗克辛. 对批判立法之法益概念的检视 [J]. 陈璇，译. 法学评论，2015 (1)：55.

不服从；第二，意味着即便所谓的通说认定法定犯侵害了法益，但是其在证成上也存在着理论与逻辑的先天不足，更像是基于福利国家行政目的以及刑事政策的需要，而对法益理论作出的修改，是传统刑法理论面向社会需求妥协的结果。①经分析，该论者提出前述命题的目的是强调法定犯存在口袋化问题是因为法定犯没有法益。因此，法益不能为法定犯的可罚性限缩提供支持。因而，为解决"法益性欠缺"带来的法定犯口袋化问题，应对法定犯罪名进行形式与实质双重限缩解释，保证法定犯有序出罪。该观点具有创新性，但存在如下问题：

其一，"法益性欠缺型犯罪"说命题具有双重含义，一是否定法定犯具有法益侵犯性，二是提出即便退一步肯定法定犯具有法益侵害性，但论证法定犯具有法益侵害性的观点是对传统法益理论的修改，存在逻辑先天不足。由此可见，第二重含义在本质上并没有否定法定犯的法益侵犯性，只是认为此种认可法定犯具有法益侵犯性的观点是对传统法益理论的逆反。然而，令人不解的是，为何同一个概念可以同时针对"法定犯具有法益侵犯性"命题拥有肯定与否定两种完全相反的含义？又为何在刑法法益理论的发展长河中，我们只能坚持传统刑法法益观，而不能对刑法法益理论作出反思与调整？如果"法益性欠缺型犯罪"的提法不能解决这些问题，其理论说服力将始终存疑。

其二，"法益性欠缺型犯罪"的提出即便认可法定犯侵犯了法益，但是所侵犯的法益也只是抽象法秩序，此种抽象法秩序并不是具体的法益。因此，这种抽象法秩序在刑法教义学上能否被称为刑法法益则是需要反思的。②诚然，与个人法益相较，集体法益多具有抽象性，而秩序法益作为集体法益的一种，抽象性更为明显。我们不能因一项法益类型具有抽象性便否定其作为刑法法益的资格，否则刑法领域全部集体性法益的刑法法益资格都应受到质疑。目前，令笔者不安的是，刑法学研究中以否定秩序法益为时髦。但此理解与我国立法现状不符。比如，《刑法》第三章的章罪名是"破坏社会主义市场经济秩序罪"、第三节的节

---

① 刘艳红．"法益性的欠缺"与法定犯的出罪——以行政要素的双重限缩解释为路径[J]．比较法研究，2019（1）：87．
② 刘艳红．"法益性的欠缺"与法定犯的出罪——以行政要素的双重限缩解释为路径[J]．比较法研究，2019（1）：90．

罪名是"妨害对公司、企业的管理秩序罪"、第四节的节罪名是"破坏金融管理秩序罪",如果对秩序法益持否定态度,如何理解这些章节罪名的存在?当然,我们可以认为章节罪名保护法益是同类法益,本身可以具有一定抽象性,进而认可章节罪名合理性。那又如何理解具体罪名中规定的各种秩序?比如,非法吸收公众存款罪中的"非法吸收公众存款或者变相吸收公众存款,扰乱金融秩序的……",非法经营罪中"违反国家规定,有下列非法经营行为之一,扰乱市场秩序……"怎么理解这里的"金融秩序""市场秩序"?至今,国内较多学者提出否定秩序法益的观点,但多是"有用则用,无用不提",此种研究态度恐怕并非是科学、合理的研究态度。

此外,即便我们在法定犯领域否定秩序型法益的存在,强调法定犯是对纯粹法秩序的违反,但在个罪解读时仍要具体分析是对何种"法秩序"的违反。然而,"法秩序"与"秩序法益"有何区别?否定秩序法益为何不否定"法秩序"?其实,刑法法益主要功能与犯罪构成主要功能并不同,起到的多是宏观指导作用,即引导刑事司法者与刑法研究者对具体刑法分则条款对应犯罪构成要件进行精准解释。因此,我们不能也不应该过分追求刑法法益的具体化,①应适当允许刑法法益具有一定抽象性。

其三,是否提倡"法益性欠缺型犯罪"说与是否对法定犯的形式与实质规范性构成要件要素进行限缩解释之间没有必然关联。即使认可法定犯是对法益的一种侵犯,也并不影响我们对法定犯的构成要件持限缩性解释的立场。比如,陈兴良在其撰写的文章中便在承认法定犯的犯罪本质是法益侵犯的基础上提出应该在具体司法认定时对法定犯采取严格认定的立场,既要对法定犯的规范性构成要件要素进行严格解释,如严格解释《刑法》第九十六条的"违反国家规定",区分一般许可、特殊许可等对"违反行政许可"进行严格解释等,还要对法定犯的事实性构成要件要素进行严格解释,如对部分空白的构成要件与完全空白的构成要件进行严格解释。②

① 彭文华. 法益与犯罪客体的体系性比较 [J]. 浙江社会科学,2020 (4):52.
② 陈兴良. 法定犯的性质和界定 [J]. 中外法学,2020,32 (6):1472-1488.

实际上，该论者自己也并没有坚决支持"法益性欠缺型犯罪"说。前文在论证侵犯公民个人信息罪之法益时提到，虽然其本人认为法定犯先天存在"法益性的欠缺"，但"作为认定犯罪简单的操作方法，至今刑法理论通说认为，法定犯也侵害了法益，即国家安全或经济秩序或社会秩序等超个人法益"。①总之，本书认为数据安全犯罪的本质仍然是法益侵犯，是对数据安全法益的损害，而非规范违反。在刑法教义学中将自然犯的本质认定为法益侵犯，将法定犯的本质认定为规范违反之做法的价值有限。据此，要解决数字经济时代数据安全刑事司法保护过程中存在的问题，本质上是要继续追问数据安全犯罪的保护法益，并以此为基础解释数据安全犯罪的构成要件，进而明确数据安全犯罪与其他犯罪之间的边界。

5.3 数据安全作为刑法法益的适格性判断

目前，较为活跃的新兴观点认为数据安全犯罪保护法益是数据安全法益，而非计算机信息系统安全或计算机信息系统运行安全。然而，据笔者观察多数讨论仍停留在表层，如"仅仅将重心放在经验的生活化描述上"，②没有对"数据安全是否为适格刑法法益？"等问题展开规范论证。基于"观感和经验上的'法益主张'是易碎的……流于表面的张扬主张，要么只能沦为无效抒发，要么引发更多的问题"。③一项"法益主张"要想被改称为"刑法法益"要"经受法教义学的严格检验"。④实质上，刑法学者们之所以会长期忽略对数据安全犯罪进行类型化研究的根源在于没能对数据安全刑法法益资格进行规范识别、判定与检验，导致数据安全法益的定位、性质与内容混沌不清。因此，数据安全法益想要在数字经济时代取得独立保护地位，首先需要证明其为适格的刑法法益，明确其"正当性根据不是权利的简单杂糅，即不是单纯的理论堆

① 刘艳红. 侵犯公民个人信息罪法益：个人法益及新型权利之确证——以《个人信息保护法（草案）》为视角之分析 [J]. 中国刑事法杂志，2019 (5)：23.
② 周赟. 新兴权利的逻辑基础 [J]. 江汉论坛，2017 (5)：115.
③ 黄鹏. 数据作为新兴法益的证成 [J]. 重庆大学学报（社会科学版），2022，28 (5)：193.
④ 劳东燕. 受贿犯罪的保护法益：公职的不可谋私利性 [J]. 法学研究，2019 (5)：119.

砌而应确定法律上的依据"。①

5.3.1　刑法法益资格的判断规则

对刑法法益资格判断问题，歧见频出。日本学者关哲夫提出"三要求说"：经过个人的承认、社会的承认与法的承认，一项法益主张或者说生活利益才能成为刑法规范意义上所保护的刑法法益。②在反思关哲夫学说的基础上，田宏杰提出新"三要求说"：刑法法益的来源是经验事实、刑法法益的评判是宪法价值、刑法法益须经规范确认。③与"三要求说"不同，张明楷提出"五原则说"，认为法益须与法相关联、离开法就不能称之为法益、法益必须与利益相关联、法益须具有可侵害性、法益须与人相关、法益须与宪法相关。④判断规则种类较多，此处不再赘述。通过分析相关观点，可得出如下共识性结论：法益识别规则的设定与研究者对刑法法益含义的理解相关。因此，不得不研究刑法法益的含义。

两百多年刑法法益理论发展史中形成了如下两种主要的刑法法益理解类型：

一种是由宾丁所倡导的前实定法的法益概念。⑤宾丁认为法益是从立法者的价值判断中产生的。立法者对一个状态或者对象进行实定性的价值评价，此种价值评价的对象就是法益。该说认为在实定法规范之外没有法益，而规范的创设只取决于立法者的价值判断，即"在创造法益、设定法益保护规范时，立法者只受自己的考量与伦理的限制"。⑥持此种法益学说必将得出的结论是法益不拥有前实定法的独立意义，同时，也不具备从外部审视与批判刑事立法的功能。

另一种是李斯特认为的"法益是法所保护的利益，所有的法益都是

① 冀洋. 法益自决权与侵犯公民个人信息罪的司法边界 [J]. 中国法学，2019（4）：71.
② "个人的承认"，即作为社会成员的个人承认或者要求某社会利益应通过刑法来保护，从而获得"个人的要保护性"；社会的承认，即社会多数成员承认该生活利益是社会生活中的重要的存在，有必要通过刑法来保护它，从而获得"社会的要保护性"；法的承认，即必须被评价为值得刑法保护的存在而得以承认，从而获得"法的要保护性"。关哲夫. 法益概念与多元的保护法益论 [J]. 王充，译. 吉林大学社会科学学报，2006（3）：69-69.
③ 田宏杰. 刑法法益：现代刑法的正当根基和规制边界 [J]. 法商研究，2020（6）：77-81.
④ 张明楷. 法益初论 [M]. 北京：中国政法大学出版社，2000：162-167.
⑤ 阿梅隆. 德国刑法学中法益保护理论的现状 [J]. 日高义博，日译. 姚培培，中译. 中德法学论坛，2017（2）：22-23.
⑥ 张明楷. 法益初论 [M]. 北京：中国政法大学出版社，2000：32.

生活利益，个人或者共同社会的利益。产生这种利益的不是法秩序，而是生活，法的保护使这种生活利益上升为法益"。①此即前实定法的法益概念，认为刑法的历史就是人类利益被宣告为刑法法益的历史。持此种法益学说必将得出的结论是法益具有前实定法的独立意义，同时，也具备从外部审视与批判刑事立法的功能。在李斯特提出前实定法的法益概念之后，该学说内部围绕什么才是实定法外界定法益的关键要素问题展开了长期论争，以各个学说出现的先后时间为标准大致包括 20 世纪初的"文化财"、20 世纪上半叶的民族文化与道德秩序以及第二次世界大战后由罗克辛等提出的、目前占据多数地位的宪法价值说。②然而，无论前实定法的法益概念说内部进行了何种论争，其本质内容一直都没有发生改变，即均要求树立起具有从刑法外部观察刑事立法合理性，约束刑事立法者立法权力与立法行为的法益概念。引用罗克辛的话说就是，前实定法益概念说提出的目的是要"不仅能说明可罚性的根据，而且其主要作用是对可罚性加以限定"。③

相对来说，具有刑事立法批判功能的前实定法的法益概念更为合理，此法益观的贯彻更利于限制立法者立法权力，降低立法者立法恣意可能性，充分保障国民预测可能性及行动自由。本书所使用的亦是此种意义上的法益概念。据观察，"尽管不同的理论对侵犯的具体对象有不同的看法，但在将法益作为一种利益这一点上并无本质区别"。④换言之，所谓的法益即法与利益的结合。某项利益在经过立法者的价值判断成为实定刑法所保护的对象前已经客观存在了，而经过立法者的选择某一利益一旦成为实定刑法规范所保护的对象便上升为了刑法法益。可见，刑法法益并不是由立法者依据自身的价值判断所凭空创造的，立法

① 李斯特. 德国刑法教科书 [M]. 徐久生，译. 北京：法律出版社，2000：4.
② 20 世纪初，受新康德主义的影响，诸多学者认为法益是"文化财"的体现，"文化财"先于法律存在，其受到法律保护，就成为法律财，即法益。20 世纪上半叶，受新黑格尔哲学影响，部分学者又将刑法所保护的利益或价值界定为民族文化与道德秩序。例如，H.麦耶认为，刑法的任务是维护民族的道德秩序，只有通过刑法确认主流文化秩序中关于保护法益之规范的效力，才能全面性地预防犯罪行为的侵害。第二次世界大战结束后，出于对纳粹思想的反思，德国学界主流见解演变为以宪法价值作为对法益概念的制约。罗克辛认为依宪法规定，国家的权力来自人民，故国家的任务也只能是为国民创造并维护其生活所需的外部条件，确保其自我发展的自由。因此，刑法的任务也在于保障全体人民共同的和平生活。在不同的历史与社会情境中，人们进行共同生活所不可或缺的条件体现为多种基本的"有价值的状态"，例如生命、身体的完整性、意思行动的自由和财产等。这些共同生活不可或缺的条件就是法益。王钢. 法益与社会危害性之关系辩证 [J]. 浙江社会科学，2020 (4)：38.
③ 罗克辛. 对批判立法之法益概念的检视 [J]. 陈璇，译. 法学评论，2015 (1)：54.
④ 孙万怀. 刑法修正的道德诉求 [J]. 东方法学，2021 (1)：106.

者只是对已经客观存在的利益进行选择并对选中的利益给予确认与保护。

正因为法益是经过立法者选择决定由刑法规范予以保护的生活利益，才导致出现了这种现象：并不是所有的利益都会上升为刑法法益，也并不是所有已经上升为前置法规范保护的利益都会成为刑法所保护的利益。同时，现代国家中宪法是母法，而刑法、民法等法律是子法，刑法、民法等规范欲对某项利益提供规范保护时，不能与宪法价值相违背，即应符合宪法价值的需求。因此，合理的刑法法益资格检验标准应包含四项关键标准：法益应是对多数人有用的利益、法益保护主义要求的法益具有受侵犯可能性、法益已被实定刑法规范所确证与包容、法益设定与宪法价值相匹配。

5.3.2　数据安全法益适格性的具体判断

根据以上标准，对数据安全的法益资格可作如下论证：

第一，数据安全属于对多数人有用的利益，已上升为影响生产要素。保护人的利益是法律规则的终极目标，任何不以保护人的利益为指向的刑法规范条款都不具有存在合理性。同时，根据刑法面前人人平等的原则，法律不能仅保护特定人利益，而是应保护多数人利益。数字经济时代的数据安全明显属于对多数人有用的利益：一方面，数据安全利于从宏观层面维护国家安全、社会稳定。作为社会生产与经济运行的基本要素，数据安全无疑对社会多数人有用。以国家安全为例，数字经济时代数据通过多种渠道汇聚，数据量级指数增长，将来源于不同渠道的分散数据汇集一处，相互补充、相互印证即可能获得与国家安全相关的重要敏感信息。正是考虑到数据安全在个人、集体与国家利益方面的重要价值，我国才相继制定《网络安全法》《数据安全法》，从多角度维护数据本体及数据内容安全。

另一方面，数字经济时代的数据安全是维护个人安全的第一道防线。以非法获取计算机信息系统数据行为为例，行为人利用技术手段侵入个人计算机信息系统（包括智能穿戴设备、手机、电脑）后，不仅可以通过读取数据的方式直接获取设备内存储、处理或者传输的数据，进而通过对数据的非法应用危害个人财产、隐私、信息自决等刑法法益，而且可以通过更为隐蔽的方式持续针对个人展开数据收集行为。此时，被侵犯的个体无形中被投入"数字圆形监狱"，无时无刻不被监视。[①]因此，通过最后保障法强调对数据安全的保护，是符合个人、集体与国家安全要求的，是对绝大多数人有利的，是值得提倡与肯定的。

第二，数据安全具有受侵害可能性。根据法益保护主义要求，刑法法益应具有受侵害可能性，不具有受侵害可能性的生活利益，不可被上升为刑法法益。也就是说，刑法法益必须是被犯罪侵犯或者威胁的现实生活中的利益。因而，当明确数据安全属于对多数人有用之利益后，我们可进而思考：数据安全是否具有被侵害可能性？刑法教义学中的法益侵害可能性，是指法益可被侵害进而产生损害结果，这必然是一种事实或因果现象。

数据安全侵害结果不可控主要体现在两方面：一方面，侵害行为具有超越时空与技术便利性，行为人可在任意时间、任意地点针对任意数据实施非法删改增行为，相关侵害行为借助技术手段层层加密、隐匿身份，又会增加案件侦破难度；另一方面，数据本身具有脆弱性及易受攻击性。数字经济时代数据常会集中于经济实力强劲的数字处理主体手中，数据汇聚变相增加数据安全管控难度，导致数据安全具有脆弱性及易受攻击性。除结果不可控外，数据安全法益侵害是事实的或因果的客观现象，数据安全法益受损会给权利人带来实际损害，此损害可被感知，属于经验意义上的损害。例如，非法获取计算机信息系统数据的行为会使合法权利人对数据享有的保护性权利丧失，非法删除、修改或者增加计算机信息系统数据的行为更是会直接影响合法权利人对数据的正常使用。

第三，数据安全是我国刑法所保护的对象。法学研究领域中，尚未经过立法者基于自主价值判断实定化选择成为法益前，普遍性生活利益即便对多数人有用且易受到侵害，也不能被称为实定法意义上的法益，充其量属于犯罪学意义上的、学理意义上的法益。任何人对该具有保护

---

① "圆形监狱"的主要后果是在被监禁者身上造成一种有意识和可持续的可见状态，从而确保权力自动发挥作用。福柯. 规训与惩罚 [M]. 刘北成，杨远婴，译. 北京：生活·读书·新知三联书店，2012：224-226.

必要性但未被刑法实定化的利益实施侵害行为，至多仅会受到道德谴责，而非刑事非难。同时，由于刑法在法律体系中属于保障法，这决定了刑法规范不可能对所有应受保护的生活利益提供保护，立法者会基于必要性、科学性等因素筛选部分利益实体化、固定化为受刑法保护的法益。因此，在《民法典》等前置法中数据安全虽已成为立法保护对象，但不可直接判定数据安全属于刑法法益，应复归到刑法本身进行判断。具象分析个罪保护的刑法法益时，可根据罪状表述发现条文保护法益内容。①我国早在1997年《刑法》制定时便意识到对数据安全提供刑法保护的必要性，在第286条第2款破坏计算机信息系统罪中增设"非法删改增计算机信息系统数据"犯罪行为，此后在《刑法修正案（七）》中又增设第285条第2款非法获取计算机信息系统数据罪。由此可见，计算机信息系统数据早已成为我国刑法保护的对象，而其安全亦为我国刑法保护的法益。

第四，刑法保护数据安全与宪法价值目标相符。现代法律体系中，刑法规范、行政法规范、民法规范均应与宪法价值目标相符，如果两者相互冲突，则子法应自觉调整以适应母法。当然，宪法作为母法，本身较为抽象，起到引领立法的作用，不可能很细致地规定哪些行为应受保护，哪些行为不应受保护，而是"否定、消极地从反面警示立法者，并为立法者的自由价值评判设定一系列不可逾越的藩篱"。②在刑法规范上对数据安全提供强力保护并没有违反宪法所设定的价值藩篱，相反，甚至可视为对宪法价值的忠实贯彻。

5.4 数据安全法益的定位与内容：兼评既有法益理论

通过分析，我们可知数据安全满足刑法法益的适格性，是具有受侵害可能性的、应受刑法保护的多数人享有的利益，且对数据安全法益的保护既能为刑法条文所容纳，又能与宪法价值相协调。然而，前述论证只是为数据安全已经法益化之论题提供了适格性论据，不能直接证明数

---

① 张明楷. 刑法分则的解释原理［M］. 2版.北京：中国人民大学出版社，2011：351.
② 田宏杰. 刑法法益：现代刑法的正当根基和规制边界［J］. 法商研究，2020（6）：78.

据安全法益即为数据安全犯罪的保护法益，尤其是当学理与实践中针对数据安全犯罪保护法益存在多种解释可能性时，应将数据安全法益与其他法益理论放到同一平台进行充分争鸣，以确认将数据安全解释为数据安全犯罪保护法益更具合理性。数据安全法益与既有的各种法益理论间的争鸣问题，也可被称为数据安全法益的定位问题。研究此问题的目的是在各种不同法益理论中准确标定数据安全法益的位置，并厘清数据安全法益与关联法益之间的关系。在此过程中，还可以对既有的数据安全犯罪保护法益理论进行评析与反思。

5.4.1 数据安全法益的定位与内容

目前，数据安全犯罪保护法益理论中，传统理论多不将数据安全犯罪作为类罪看待，所提出的法益理论也多仅指向非法获取计算机信息系统数据罪与破坏计算机信息系统（数据）罪所保护的直接法益。而反思理论则多将数据安全犯罪作为类罪看待，所提出的法益理论是指向数据安全犯罪这一类罪的同类法益，即数据安全法益。因此，为更清晰地理解数据安全法益的定位与内容，我们还须确认数据安全法益究竟是数据安全犯罪保护的同类法益，还是非法获取计算机信息系统数据罪或者破坏计算机信息系统（数据）罪保护的直接法益。如果确认数据安全法益是同类法益，还应进而探讨其项下包含的次级法益内容。

对刑法规范所保护的数据安全法益的定位与内容是什么这一问题的回答，离不开回溯追寻前置法规范文件。只有通过考察前置法规范文件中对相关法益进行保护的逻辑安排，才能更好地理解刑法规范所保护的数据安全法益的逻辑定位与具体内容。通过对计算机犯罪前置法的《中华人民共和国计算机信息系统安全保护条例》（以下简称《计算机信息系统安全保护条例》）《数据安全法》等法律法规进行分析，本书得出如下结论：宜将刑法中的数据安全法益理解为包括数据安全保密性、完整性与可用性的同类法益，数据安全本身并非非法获取计算机信息系统数据罪与破坏计算机信息系统罪第2款的保护法益。与数据安全法益处于同一层级的法益内容是功能安全法益等，功能安全法益与数据安全法益的上位法益内容是计算机信息系统运行安全，再上一级法益内容是计算机信息系统安全。

《数据安全法》第3条第3款规定，"数据安全，是指通过采取必要措施，确保数据处于有效保护和合法利用的状态，以及安全状态的能力"。此规定从广义层面理解数据安全，与本书研究的数据安全略有不同。本书所研究的数据安全仅指已经被刑法所明确保护的计算机信息系统数据安全，即在计算机信息系统中存储、处理或者传输的数据安全。此处的数据范围明显要窄于《数据安全法》第3条第1款规定的数据范围，不包括不能被具有自动数据处理功能的计算机信息系统存储、处理或传输以外的数据安全。如果不属于具有自动数据处理功能的计算机信息系统存储、处理或者传输的数据受到侵犯，在刑法意义上应考虑以数据上承载法益为标准，用知识产权犯罪、商业秘密犯罪、财产犯罪等其他犯罪罪名予以规制。因此，在研究数字经济时代数据安全刑法保护问题时，《数据安全法》具有参考价值，但却不能直接将该法第3条第3款之规定视为刑法意义上的数据安全，在刑法领域具体保障数据安全时尚需予以进一步探讨。目前看，能实现确保数据处于有效保护和合法利用状态以及安全状态能力的措施大致包括三个方面：环境安全措施、实体安全措施与运行安全措施（包括系统运行安全、数据自身安全等）。总之，《数据安全法》对于数据安全的定义不能直接套用为刑法意义上的数据安全。

本书建议参考《计算机信息系统安全保护条例》《网络安全法》等法律法规解释计算机信息系统数据安全的具体内容，以及计算机信息系统数据安全与计算机信息系统运行安全、计算机信息系统安全等法益间的关系。《计算机信息系统安全保护条例》第3条规定，计算机系统安全包括实体安全、环境安全、信息安全与运行安全。实体安全追求的目标是确保计算机设备自身及相关设备的物理安全，不受外部非法暴力侵害；环境安全追求的目标是为计算机信息系统及相关设备运行提供安全环境条件，外部环境条件包括足以防止火灾、水灾等侵害的运行环境，内部环境条件包括配置齐全、功能有效的灾害警示、受灾保护以及灾后恢复等功能；信息安全的目标是保障在计算机信息系统中的信息不受到故意或者过失的非法泄露或者删改增等行为的侵害；运行安全部分追求的目标则是计算机信息系统功能的发挥等内容。据此理解，在计算机信息系统保护领域内，计算机信息系统安全内涵丰富，涵盖了与计算机信息系统相关的所有安全内容，系统安全是运行安全与信息安全的上位概念。

《计算机信息系统安全保护条例》制定时间较早，尽管在2011年进行过修订，但内容仍略显粗疏，没有能够对计算机信息系统运行安全的具体内容展开说明。因此，剖析计算机信息系统运行安全时，不得不同时参照《计算机信息系统安全保护条例》的网络时代升级版法律规范《网络安全法》。一方面，两者保护对象实质相同。从字面含义看，《计算机信息系统安全保护条例》保护的是计算机信息系统安全，《网络安全法》保护的是网络安全，二者有所不同。然而，经过对两个规范性文件所作的具体规定进行分析后可知，《计算机信息系统安全保护条例》中的计算机信息系统安全与《网络安全法》中的网络安全的含义基本相同，两者的区别在于后者的规定更加细化，也更加强调了符合时代要求的网络属性。①具体而言，两个定义的核心要素具有同构性：（1）由计算机及相关设备组成；（2）依照一定规则、目标或程序；（3）对信息进行收集、加工、存储等处理；（4）系统。另一方面，《计算机信息系统安全保护条例》发布机构为国务院，《网络安全法》发布机构为全国人民代表大会常务委员会，在法律效力级别上后者高于前者。综上所述，虽然两个规范文件使用的术语不同，但基本可以作出如下判断：《计算机信息系统安全保护条例》中的计算机信息系统安全与《网络安全法》中的网络安全的含义大致相同，区别在于前者的术语使用强调了系统属性，后者的术语使用强调了网络属性。既然如此，《网络安全法》中对于网络运行安全的解读又可以成为分析《计算机信息系统安全保护条例》中计算机信息系统运行安全的重要参考。

2016年通过的《网络安全法》共有"总则""网络安全支持与促进""网络运行安全""网络信息安全""监测预警与应急处置""法律责

---

① 《计算机信息系统安全保护条例》第2条规定"计算机信息系统是指由计算机及其相关和配套设备、设施（含网络）构成的，按照一定的应用目标和规则对信息进行采集、加工、存储、传输、检索等处理的人机系统"。第5条第2款规定"未联网的微型计算机的安全保护办法，另行制定"。《网络安全法》第76条第1项对网络所下定义是由计算机或其他信息终端以及相关设备组成的按照一定规则和程序对信息进行收集、存储、传输、交换、处理的系统。

任""附则"七章。该法不再刻意强调对实体安全与环境安全的保护，而是重点关注运行安全与信息安全。其中，"网络信息安全"一章主要包括个人信息安全、商业信息安全及信息内容安全等方面的内容，"网络运行安全"一章包括网络关键设备和网络安全专用产品安全、网络身份可信、网络功能安全与网络数据安全等内容。作出这一判断的根据是《网络安全法》第3章"网络运行安全"项下的第21条与第27条等法律条文的明确规定。结合前文中笔者得出的《网络安全法》是《计算机信息系统安全保护条例》的升级版，网络安全可视为网络时代的计算机信息系统安全之结论，可知计算机信息系统运行安全主要内容也应包括计算机信息系统数据安全与计算机信息系统功能安全。须注意，前后两部法律均提到了信息安全，对此，笔者的见解是尽管计算机信息系统安全与网络安全均将信息安全作为其保护的重要内容，且信息安全与数据安全之间的关联性较为密切，但从实定法的理解看，数据安全属于计算机信息系统安全的主要内容，关注的是对数据代码本身保密性、可用性与完整性的保护，而该数据代码是否承载信息以及承载何种信息并非数据安全所关注的内容。可以说，在《计算机信息系统安全保护条例》与《网络安全法》视野下，信息安全与数据安全保护侧重各不相同，两者相互独立，分属不同层级，不可将之混为一谈。

根据《网络安全法》第76条的定义，①网络安全应被分为网络运行安全与网络数据安全两项内容，这导致上文中所解读的网络安全主要包括网络运行安全与网络信息安全的结论不合理。对此，可解释如下：《网络安全法》的这一"网络安全"定义并不完全合理。该定义虽客观拔高了对网络数据安全的重视程度，但却忽视了《网络安全法》条文的整体逻辑，使得该定义与《网络安全法》条文的具体内容相冲突。解释网络安全概念时，宜依照条文的编、章、节内容进行体系性解释，以保证解释结论的体系融贯、逻辑一致，防止出现解释结论互相冲突的问题。其实，关于网络安全定义的合理性，早在《网络安全法（草案）》阶段便存在质疑观点。中国信息安全研究院副院长左晓栋提出"草案中

---

① 《网络安全法》第76条第2项规定："网络安全，是指通过采取必要措施，防范对网络的攻击、侵入、干扰、破坏和非法使用以及意外事故，使网络处于稳定可靠运行的状态，以及保障网络数据的完整性、保密性、可用性的能力。"

的'网络安全'定义也需修改。现有定义不但丢掉了信息内容安全，更是与'网络空间主权'没有关联"。①对此，笔者持肯定意见，并建议在未来《网络安全法》修改时进行一定的立法调整。

此外，可能会存在如下质疑：刑法中所保护的计算机信息系统包括联网与未联网的计算机信息系统，而《计算机信息系统安全保护条例》与《网络安全法》中保护的均是联网的系统，上述对《计算机信息系统安全保护条例》与《网络安全法》所作的解释是否可以适用于未联网的计算机信息系统？对此，根据1998年11月25日作为负责全国计算机信息系统安全保护工作的《公安部关于对破坏未联网的微型计算机信息系统是否适用〈刑法〉第286条的请示的批复》（公复字〔1998〕7号）可知，无论是联网的计算机信息系统，还是未联网的计算机信息系统都是计算机信息系统，是否联网不会改变事物的本质。因而，对于联网的计算机信息系统安全的理解与未联网的计算机信息系统安全的理解应不存在本质差异，未联网的计算机信息系统安全也应包括环境安全、实体安全、运行安全与信息安全四个方面。据此，在计算机信息系统保护视野下，计算机信息系统安全、系统运行安全、信息安全、数据安全、功能安全等之间的相互关系如图5-1所示。②

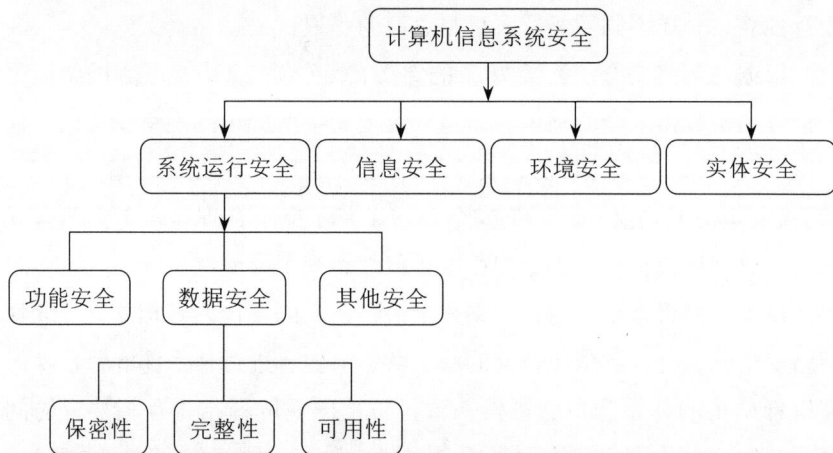

图5-1 计算机信息系统安全示意图

---

① 左晓栋.专家谈《网络安全法》草案："网络安全"的定义还可以更为妥帖 [EB/OL]. [2015-07-17]. http://china.chinadaily.com.cn/2015-07/17/content_21315243.htm.
② 图中的信息安全可理解为电子信息安全，数据保密性包括数据传输私密性。

数据安全作为适格刑法法益，较之计算机信息系统安全、计算机信息系统运行安全、信息安全等法益更适宜被作为数据安全犯罪的同类法益。然而，数据安全犯罪作为一种类罪，不能成为具体数据安全犯罪罪名所保护的直接法益。因此，我们有必要对之继续进行细化。目前，已经被《网络安全法》等前置法升格为法益的数据安全内容包括可用性、保密性与完整性，这三项内容是刑法中非法获取计算机信息系统数据罪与破坏计算机信息系统（数据）罪保护的直接法益。

其一，数据保密性安全是非法获取计算机信息系统数据罪保护的直接法益。数据保密性是指只有经过合法授权的用户才可以访问数据，限制其他人对数据的非法访问，关注数据存储、处理与传输过程中的数据保密性安全。司法实践中常见的侵犯数据保密性的行为包括数据包嗅探、网络钓鱼、回收站搜索、键盘记录、特洛伊木马等。其二，数据的完整性安全与可用性安全是破坏计算机信息系统（数据）罪所保护的直接法益。数据完整性安全是指未经授权不可擅自改变数据特性，不能对数据进行删除、修改与增加等破坏性操作，以保证数据在存储、处理或者传输的过程中保持不被修改、不被破坏与丢失的特性，保证计算机信息系统数据处于未受损与完整的状态。侵犯数据完整性安全法益的违法犯罪行为主要有萨米拉攻击[①]、数据欺骗工具、会话劫持等。数据可用性安全是指已授权实体一旦需要就可以访问和使用的数据和资源的特性。数据的完整性安全是指已授权实体一旦需要就可以访问和使用的数据和资源的特性。数据完整性安全与可用性安全之间的关系紧密，对数据完整性的破坏通常也会影响到数据可用性。因此，立法上常将二者放在一起进行整体保护。

目前的刑法学研究中由于对上述各类安全法益之间的关系没有能够精准把握，造成了对具体犯罪罪名的误解。比如，将计算机信息系统数据解释为计算机信息系统中存储、处理或者传输的一切数据，这一解释本来具有合理性，然而，在一些学者看来，数据安全法益与计算机信息系统运行安全法益完全无关，对即便是存储、处理或者传输于计算机信

---

① 萨拉米技术是通过计算机程序控制自动进行的一种数据窃取行为，多采用不易觉察的手段，不断偷取、由少积多的方式进行，以达到某种犯罪目的。

息系统内的，以文字、图片、视频等形式存在的个人数据进行删改增的行为只会对数据完整性安全与可用性安全造成损害，并不必然造成计算机信息系统的不能正常运行。因此，应将这种行为认定为构成数据安全犯罪以外的其他犯罪。①本书认为这种理解既误解了破坏计算机信息系统（数据）罪的保护对象范围，又对计算机信息系统运行安全与刑事实定法意义上的数据安全法益的关系作出了错误的理解。此外，不少文献中还混用了"大数据法益""网络数据法益""数据信息法益"等概念。然而，相关概念与数据安全法益的内容并不相同，不可替换使用。

其一，数据安全法益体现的是对数据自身安全的重点保护，与信息安全法益、网络安全法益等有异曲同工之处，同时也与国家的《数据安全法》等中使用的术语保持相对一致。然而，需明确的是《网络安全法》《数据安全法》虽然都能对数据安全提供保护，但是由于立法目的的不同导致保护侧重不同。比如，《数据安全法》中第3条规定："数据安全，是指通过采取必要措施，保障数据得到有效保护和合法利用，并持续处于安全状态的能力。"如果直接移植该定义作为刑法中数据安全法益的内容，将使得数据安全法益的指导立法与引导司法功能难以实现。因此，在刑法学研究中应在采纳计算机技术领域专家与法学领域专家理解的基础上，对现行刑法中直接保护数据安全条款进行法益抽象而得出"保密性、完整性与可用性"之数据安全法益具体内容。

此外，不能直接移植《数据安全法》有关数据安全定义的另一个原因是《数据安全法》对数据的理解较之刑法而言，范围过于狭窄，不符合实际情况。《数据安全法》将数据定义为"任何以电子或非电子形式对信息的记录"。换言之，非信息记录性的纯粹数据不在《数据安全法》的保护范围内。然而，刑法惩罚非法获取或者删改增计算机信息系统数据的行为并不只是保护可被还原为信息的数据，其他类型的计算机信息系统数据也在刑法的保护范围内。比如，用 FD 抓包软件修改数据以进行非法充值这一破坏计算机信息系统数据的行为，如果按照《数据安全法》对数据的理解将不能再被视为数据安全犯罪。同理，如果按照

① 周立波. 破坏计算机信息系统罪司法实践分析与刑法规范调适——基于100个司法判例的实证考察 [J]. 法治研究，2018（4）：76.

《数据安全法》对数据的理解出售破解版电视机顶盒、开发软件插件、利用加粉软件强制加粉等行为也不能被定性为非法获取计算机信息系统数据罪。

其二，大数据法益不是法律术语。大数据是指数据众多的数据集合，也可以指代一种数据处理技术。刑法规范意义上，不可能将大数据本身作为刑法规范的保护对象。相反，只能将组成大数据的各种类型的分散数据作为刑法规范的保护对象。如果直接将以数据集合形式存在的成规模的大数据作为刑法的保护对象，将大数据法益作为刑法罪名所保护的直接法益，那么必将造成如下不良后果：刑法只对具有规模效应的集合性大数据提供保护，而对分散存在于各种数据处理系统中的小数据则不提供刑法保护，这种解释明显违背了认知规律，①也不能满足数字经济时代数据安全刑法保护的现实需要。如果持本种立场，非法获取计算机信息系统数据罪与破坏计算机信息系统（数据）罪的保护对象将完全排除属于个人的计算机信息系统中存储、处理或者传输的数据，这些在个人计算机信息系统中存储、处理或者传输的数据不能满足大数据的规模特性。同时，这种理解也明显与立法者在刑法中规定非法获取计算机信息系统数据罪与破坏计算机信息系统（数据）罪的立法目的不一致。

其三，网络数据法益、网络信息数据法益等概念排除了对未联网之计算机信息系统中存储、处理或者传输数据的保护。刑法中数据安全法益的保护对象理应包括联网的计算机信息系统中存储、处理与传输的本地数据与交互于云端的网络数据，同时还包括未联网的计算机信息系统中存储、处理与传输的数据。可见，数据与网络数据的范围是完全不同的，相应的数据安全法益保护范围较之网络数据法益也不相同，前者保护范围更广泛。同时，网络信息数据法益表述的实质内涵不清，从其字面含义看，至少既应包括个人信息、国家秘密、商业秘密等信息安全法益，还应包括经由互联网收集、存储、传输、处理和产生的各种电子数据。如果想在刑法学研究中强调独立保护数据安全的必要性，就应该将数据安全法益观贯彻到底，明确数据安全法益是以各类电子数据保密性、可用性与完整性为保护对象的法益。

5.4.2　既有法益理论的检视与评析

5.4.2.1　评析非法获取计算机信息系统数据罪法益理论

在传统法益理论中，关于非法获取计算机信息系统数据罪的单一法益说大概有四种：计算机信息系统安全、计算机信息系统运行安全、信息安全、数据传输的私密性（即保密性）。本书已经通过图示对前述各种"安全法益"之间的关系进行了梳理与说明，展示了计算机信息系统安全、计算机信息系统运行安全、数据安全与数据传输私密性等之间法益的包容关系。因此，在理解上应不再存有障碍，即数据安全是数据安全犯罪保护的同类法益，而数据保密性安全是非法获取计算机信息系统数据罪保护的直接法益。目前来看，此种解释是最符合非法获取计算机信息系统数据罪立法目的的解释。

其一，将本罪保护法益解释为计算机信息系统安全或计算机信息系统运行安全，属于强调对象认识错误。立法上虽使用"计算机信息系统中存储、处理或者传输的数据"这一表述，但其强调的重点明显不是计算机信息系统，而是数据。计算机信息系统的作用仅在于对数据的类型进行限缩，以使这两款内容的保护对象与传统的纸质介质上存储的数据或者其他形式的数据进行区分。即便计算机信息系统中存储、处理或者传输的数据与计算机信息系统安全相关，但数据自身就具有保护必要性，因此，不应该用计算机信息系统安全这一泛化的同类法益遮蔽数据保密性安全这一具体法益的保护价值。其二，将本罪保护法益解释为计算机信息系统功能安全属于法益理解错误，超越了条文用语解释的最大含义。本罪中的保护对象并非仅为影响计算机信息系统功能安全的数据，相反，多数数据与计算机信息系统功能安全并无关系。比如，存储于其中的公民个人数据、商业数据等均与计算机信息系统功能无关。甚至，单从数据本身来看，与计算机信息系统运行安全也无关联。

目前，需要特别作出回应的是徐凌波所持的信息安全说。根据信息安全三要素理论，信息安全主要包括保密性、可用性与完整性三要素，但信息安全与本书所强调的数据安全并非同一事物，两者相互关联但又有区别，理由如下：其一，从《刑法》第285条第2款立法表述看，非法获取计算机信息系统数据罪所保护的对象是计算机信息系统中存储、处理或者传输的数据，这里的数据既包括可被还原为信息的电子数据，也包括不可被还原为信息的电子数据，保护不能被还原为信息的电子数据显然不能被视为对信息安全的保护。其二，刑法中的信息是指个人信息、商业秘密、军事秘密、国家秘密、内幕信息等，刑法中有专门的条文予以保护，且制定了与第285条第2款不同的定罪量刑标准。即便第285条第2款对数据所进行的保护可以间接实现对信息安全的保护，但在是否能够构成相应的信息安全犯罪这一问题上还需具体问题具体分析。其三，依照数据分层主义立场，数据与信息具有动态转化关系，但两者却并非相同事物，刑法对数据的保护关注的是数据本体，而对信息的保护关注的是数据承载的内容，二者保护侧重点并不相同。其四，刑法保护数据所能实现的功能绝不仅是保护信息安全，同样可以实现对人身安全、财产安全、知识产权安全、国家安全等法益的保护。

总之，尽管可以说非法获取计算机信息系统数据罪的适用能间接实现对信息安全法益的保护，但是却不能说非法获取计算机信息系统数据罪所保护的直接法益是信息安全，否则在该法益理论的引导下一切不以信息安全为目标的非法获取计算机信息系统数据的行为都不能被评价构成非法获取计算机信息系统数据罪。这种理解不仅是对非法获取计算机信息系统数据罪的狭义不当解释，而且与非法获取计算机信息系统数据罪的司法实践样态不符。在司法实践中非法获取计算机信息系统数据罪的主要犯罪行为类型包括非法获取游戏账号密码后销售、转让账户内游戏币的行为，非法获取以及出售游戏账号密码或者QQ、微博、邮箱等登录账号密码，针对苹果公司产品实施的违法犯罪行为（包括非法解锁、获取苹果设备出厂编码、非法拦截游戏交易数据等），非法获取他人账户转移虚拟币，利用职务便利修改指令发放游戏币等行为，以上行为皆与国家秘密、军事秘密、商业秘密、个人信息等信息安全法益的保护没有直接关联。鉴于此，应认为将非法获取计算机信息系统数据罪所保护的直接法益解释为信息安全的观点并不合理。

沿着这一思路，可以继续审视非法获取计算机信息系统数据罪复数法益说的各种观点，皮勇提出的数据安全与系统功能法益说不合理之处在于，尽管与数据安全同属于计算机信息系统运行安全的内容，但非法获取计算机信息系统数据罪所保护的直接法益不包括计算机信息系统的功能安全。将《刑法》第285条第2款与第286条第1款、第2款的法条内容进行比较可知，立法者已经注意到计算机信息系统中存储、处理或者传输的数据与计算机信息系统功能之间存在区别。既然立法者没有在第285条第2款与第286条第2款中明确将计算机信息系统功能作为保护对象，便不能将之"视为立法疏漏所致，而应理解为立法者是有意为之"。①喻海松所持的法益观点看似较为全面，但是将管理秩序法益、运行安全法益以及数据安全法益等处于不同层级的法益内容进行"叠床架屋"，终将导致刑法法益的教义学功能无法正常发挥。具体而言，对非法获取计算机信息系统数据罪的保护法益进行如此宽泛的理解，基本上抹杀了法益对本罪的构成要件解释功能、刑事政策功能与立法批判功能的实现可能性。事实上，复数法益说的学者处于一种纠结的状态，既想承认本罪重点保护的是数据安全，但又怕自己的观点没有处理好数据安全与计算机信息系统运行安全或者计算机信息系统安全之间的关系，为防止出现错漏便将管理秩序法益、信息系统安全法益、信息系统功能法益与数据安全法益等内容进行选择性叠加，以求理论稳妥性。这种做法看似保证了数据安全犯罪法益理论的稳妥性，但代价却是牺牲数据安全犯罪法益理论的立法批判与刑法解释价值。因此，也难以称为合理的解释。

5.4.2.2 评析破坏计算机信息系统（数据）罪保护法益理论

关于破坏计算机信息系统（数据）罪保护法益理论，评析如下：其一，计算机信息系统安全说过于宽泛。即便从总体上看破坏计算机信息系统罪可实现对计算机信息系统的运行安全、物理安全与环境安全的直接保护，以及对信息安全的间接保护。然而，我们在讨论具体个罪的法

---

① 劳东燕. 功能主义刑法解释的体系性控制 [J]. 清华法学，2020，14（2）：42.

益内容时实际上是在讨论该具体个罪所保护的直接法益，而不是其所能保护的同类法益。与破坏计算机信息系统（数据）罪相同，在非法获取计算机信息系统数据罪中立法者也使用了计算机信息系统数据这一表述，明确将之作为非法获取计算机信息系统数据罪的保护对象，并且在"两高"所进行的罪名设置活动中将之确定为非法获取计算机信息系统数据罪，这说明非法获取计算机信息系统数据罪保护的法益是数据安全法益，而不是处于宏观同类法益地位的计算机信息系统安全。既然如此，在解释破坏计算机信息系统第 2 款的保护法益对象时自然也应该保持价值融贯与逻辑融贯，将破坏计算机信息系统（数据）罪的规范保护目的解释为是对数据安全法益自身的安全提供刑法保护，甚至可以更为具体地将之解释为是对数据安全法益中的可用性与完整性的安全提供刑法保护，而不能将之解释为是通过对计算机信息系统安全法益的保护实现对数据安全法益的间接保护。

其二，公共秩序说属于对破坏计算机信息系统（数据）罪的保护法益属性之总结，不是可用于指导破坏计算机信息系统（数据）罪的构成要件解释的具体法益。从现行刑法文本看，本罪排列于《刑法》第六章"妨害社会管理秩序罪"之第一节"扰乱公共秩序罪"中，因此，本罪保护的同类法益应该是公共秩序。然而，尽管在破坏计算机信息系统（数据）罪的司法适用中强调本罪的公共秩序属性（集体法益属性）有利于限缩犯罪圈的成立范围，具有将不侵犯公共秩序的犯罪行为排除在本罪的适用范围外等积极意义，但公共秩序说的含义边界较之前文提到的计算机信息系统安全说还要宽泛，因而，采纳本说同样无法有效指导对破坏计算机信息系统（数据）罪构成要件的解释。

其三，计算机信息系统管理秩序说是对立法原意的沿袭。[①]目前，刑法学界对于管理秩序型法益的存在价值颇有微词，否定管理秩序型法益或者提倡将管理秩序型法益还原为实体性法益的观点越来越流行，其认为管理秩序型法益"没有进一步解释管理制度的具体内容，这种大而

---

① 高铭暄. 中华人民共和国刑法的孕育诞生和发展完善［M］. 北京：北京大学出版社，2012：513.

不当的表述容易忽视不同管理秩序下所保护的不同制度法益"。①张明楷也认为管理秩序法益"这种抽象的表述并不能揭示刑法分则规定相关犯罪的目的，而且说某种犯罪侵害了管理制度只能说明如果没有违反国家的相关规定而是经过法律允许的行为，就不能成立犯罪，但这并不是保护法益的问题，而是有无违法阻却事由的问题"。②对此，本书认为既然我国刑事立法中明确地将市场经济秩序、金融管理秩序等管理秩序型法益作为刑事立法章节设置与罪名分类的根据，那么，在学理上一味否定管理秩序型法益合理性之观点的价值更多的是体现于纯粹的教义学探讨上，实际应用价值不大，司法者在司法适用过程中不可能超越刑事立法文本否定所有的管理秩序型法益。

据此，本书主张不要轻谈废除管理秩序型法益，但是可在论证刑法罪名的保护法益时，尽可能将之解释为更为具体的、具有实际内容的法益。为了彰显对刑事立法目的的尊重，可将通过解释得出的法益定性为集体法益，以与管理秩序型法益的集体法益属性保持一致。同时，要避免将管理秩序型法益与具有具体意义的法益内容进行并列，将某一罪名的保护法益解释为复数法益，防止不同逻辑层次的法益内容并列与重叠，进而避免抹杀法益对相关罪名所具有的构成要件的解释功能。总之，如果对破坏计算机信息系统（数据）罪作宽泛的理解，会抹杀刑法法益功能的实现可能性。

针对本罪的复数法益论，高铭暄、马克昌的观点事实上是想要强调本罪保护的法益是个人法益与集体法益，不仅包括国家管理制度，而且包括个人合法权益。上文已经对此种叠床架屋式的刑法条文法益内容解读方式进行了问题揭示，本处的问题与上文一致，即均会影响到刑法法益功能的正常发挥。屈学武提出的国家对计算机信息系统的功能安全、数据安全管理秩序也会遭到前述诟病，但其在计算机信息系统运行秩序基础上抽象出了功能安全、数据安全两项更为具体的法益之做法值得认可。最后是刘广三所持的数据安全性与应用程序完整性法益，关注到了数据安全为本罪的保护法益，具有一定合理性。

① 金香爱，刘源."对开""环开"增值税专用发票行为违法性再思考 [J]. 河南司法警官职业学院学报，2019，17（1）：61.
② 张明楷. 刑法的基本立场 [M]. 修订版.北京：商务印书馆，2019：167-180.

5.4.3　数据安全法益并非新型法益

目前，为强调法益保护的必要性与前沿性，学者们多将数据安全法益称之为新型法益。然而，此种新型法益论并不值得肯定。学界对于如何判断一项法益是否为新型法益这一问题的理解还存在争议。有学者认为判断一项法益是否为新型法益的时候，应该先对该项法益确实属于刑法规范意义上的法益进行教义学证成，再将之与既有的传统法益进行比较以考察是否存在与传统法益所不同的新情况，如果经考察判断该项法益在法益内容等方面与传统法益确有不同，则可认定该项法益为新型法益。①此判断规则较为抽象，实操性差，不宜采用。

除这一种观点外，刑法学界还有一种由张明楷提出的"四规则说"，即主张从经验实在性、多数人享有性、具有管理可能性、法益主体难以自我保护等四方面展开对法益新型性的判断。②杨新绿也赞同本观点。③该判断规则虽看似精准、具体，但仔细探究其内容，似乎并不是判断某一项法益是否为"新型法益"的规则。因为张明楷提出这一判断规则的根本目的是要将德国刑法学者齐白教授所提到的"新无形利益"和新"无形法律对象"排除在刑法规范意义上的法益范围之外。④因此，本书认为张明楷提出的前述规则与判断法益新型性与否的关系有限，该规则的作用是要将单纯的价值理念等内容等排除在刑法法益的范围之外。

顾名思义，新型法益是由"新型"与"法益"组合成的复合词，"新型"是定语，"法益"是中心语，前者修饰、限定后者。因此，两者都是一项法益"新型"与否的判断要点。在哲学中，学者们认为"新事物是指合乎历史发展趋势的、具有远大前途的东西……新旧事物区别的根本标准在于，是否同历史发展的必然趋势相符合"。⑤可见，哲学研

---

① 黄鹏. 数据作为新兴法益的证成 [J]. 重庆大学学报（社会科学版），2022，28（5）：192.
② 张明楷. 网络时代的刑事立法 [J]. 法律科学（西北政法大学学报），2017（3）：79.
③ 杨新绿. 论拒不履行信息网络安全管理义务罪的法益 [J]. 北方法学，2019，13（6）：54.
④ 希尔根多夫. 德国刑法学：从传统到现代 [M]. 江溯，黄笑岩，等译. 北京：北京大学出版社，2015：387.
⑤ 肖前，李秀林，汪永祥. 辩证唯物主义原理 [M]. 北京：人民出版社，1981：154-155.

究者是从本质上对新兴事物进行的界定，此种界定方法具有高度的抽象性，并不能被直接作为判断一项利益是否为"新型"法益的具体标准。法益是法与利益组合成的复合词，在前实定法的法益概念立场下，没有经过立者的理性选择，以成文刑法规范的形式予以确认与提供保护的利益并不能称之为刑法法益。因此，刑法中法益的"新与旧"的形式判断标准理应是利益经刑法确认升格为法益的时间节点。当然，只看形式标准仍不够，还需要结合法益的实质内容进行"新、旧"判断。比如，若某一新增条款所保护的法益内容没有变化，只是为适应时代的发展对行为手段等进行了更新，就不能说该条款所保护的法益是新型法益。

以时间为形式量度，以内容为实质量度才是对一项法益新型与否的正确判断。不能将那些已经被既有规范确认，但却没有在学理中予以充分挖掘、系统展开的法益视为新型法益。与如今热衷于在计算机网络时代提出各种"新型法益论"不同，本书认为新型法益的提法有限，最大的作用或许只是强调某项法益是由某一近期通过的立法修改予以保护的法益。通过综合判断，数据安全新型法益论的观点既不能通过时间的形式量度予以认可，也不能通过内容的实质量度予以认可。因此，严谨来看，数据安全法益不是新型法益，而是早已被我国立法者所关注并予以保护的传统法益。其实，通过比较域内外立法可见，数据安全法益的刑法保护在计算机犯罪出现初期便已经被各国立法者所关注，而不是直到大数据时代才受到各国刑事立法者关注的新型刑法法益。

5.4.3.1 域内立法的沿革考察

1979年《刑法》中立法者没有设置关于保护数据安全法益的刑法条文，主要是因为当时计算机造价成本高，技术要求高，普及度较低，立法者不能作出超越时代与自身认知的全知全能式的超前立法。然而，随着计算机网络技术的不断发展，计算机逐渐实现台式化、移动化与平民化，普通民众开始密切接触计算机信息技术，社会现象的变化传导到刑法领域体现为犯罪类型的更迭，针对计算机实施的或者以计算机为工具实施的计算机网络违法犯罪行为数量出现爆发式增长，且成为影响社会稳定的重要行为类型。

为应对计算机网络违法犯罪行为带来的冲击，立法者在1997年

《刑法》中增设了第285条非法侵入计算机信息系统罪与第286条破坏计算机信息系统罪。其中，第286条第2款明确将计算机信息系统数据作为保护对象。这说明在1997年《刑法》制定时，立法者已经意识到了对数据安全法益进行独立保护的必要性。到2009年《刑法修正案（七）》制定时，立法者又与时俱进地考虑到了应加强对三大重点领域外计算机信息系统中存储、处理或者传输的数据之保密性的保护，增设了我国首个专门以数据保密性安全为直接保护法益的罪名，即非法获取计算机信息系统数据罪。在2015年《刑法修正案（九）》中又增设了破坏计算机信息系统罪与非法获取计算机信息系统数据罪的单位犯罪。《刑法修正案（九）》将单位列为相关犯罪主体的行为，只是弥补了原有的只处罚自然人针对数据安全实施犯罪行为的刑法漏洞。因为现实生活的对数据保密性、可用性与完整性法益进行侵犯的数据安全犯罪行为中有相当一部分是由单位主体作出的。如果对相关单位不进行处罚，而仅处罚实施行为的自然人，必然会造成对数据安全犯罪行为的放纵，促使相关单位在实施数据安全犯罪的同时寻找自然人"替罪羊"以维护其所获取的不正当经济利益。可见，只要对既有刑事立法作简单梳理便可知，数据安全犯罪在我国并不是新的犯罪问题，数据安全犯罪与计算机犯罪相伴而生，只是在大数据时代被更多关注。数据安全法益也早已被立法者所关注并以实定法的形式提供保护，只是由于学界与司法界的理解偏差导致此项法益始终没有能受到重视，直到近期大数据时代的到来，数据的价值无限膨胀后才重新回到学者们的视野中而已。

综上所述，"数据安全犯罪并非人工智能时代才出现的新型犯罪"，[①]数据安全法益作为实定法的概念，早已被我国立法者纳为刑法法益，并设置了专门《刑法》条款予以保护。如今，对数据安全犯罪与数据安全法益问题的研究只不过是对立法原意的一种追寻，或者说是对过去错误观点的一种矫正，并不是发现了一种应被视为刑法法益并予以保护的新型利益。

---

① 刘宪权，汤君. 人工智能时代数据犯罪的刑法规制 [J]. 人民检察，2019（13）：31.

5.4.3.2 域外立法的比较考察

对上述论点，还可以提供比较法层面的证明。世界上主要国家的计算机犯罪治理都是从治理针对计算机系统与数据安全的犯罪行为开始的。比如，英国在1990年便颁布了《计算机滥用法》（Computer Misuse Act，CMA），此法至今已经经过多次修订。CMA中关于刑事实体犯罪问题的规定主要有三条，第1条规定"未经授权查阅计算机数据"的犯罪，即："（1）任何人如果有以下情况，即属于犯罪：（a）使计算机执行任何功能，以确保对任何计算机中保存的任何程序或数据的访问，或者确保任何此类访问都能得到保障；（b）这个他打算确保的，或者欲为之提供保障的访问是未经授权的；及（c）他知道，当他使计算机执行功能时，情况就是这样。（2）任何人犯本条罪行的意图，无须针对（a）任何特定的程序或数据；（b）任何特定种类的程序或数据；（c）任何特定计算机中的程序或数据。"①第2条规定的是"通过非法侵入意图实施或者协助实施其他犯罪"的规定，根据本条的规定，如果实施非法侵入行为是为了自己或者协助他人实施其他犯罪便构成本罪，而不论其进一步的罪行是在与非法进入罪行相同的情况下实施，还是在日后的任何场合实施，这些都不重要。同时，即使有证据证明不可能再实施另一项犯罪行为也构成本罪。②第3条所规定的罪名是"损害计算机犯罪"，即只要一个人实施了任何没有经过授权的计算机操作行为，且实施该行为时知道自己是没有经过授权的，同时还满足如下条件便构成犯罪：如果是意图通过该行为实现（a）破坏任何计算机的运行；（b）阻止或阻碍访问任何计算机中保存的任何程序与数据；或者（c）损害任何此类程序的运行或者任何此类数据的可靠性；或者（d）使上述（a）到（c）项内容得以实施。如果行为人对于其行为是否会造成上述（a）到（c）中的任何结果持轻率的态度，本罪也适用。并且以上第2款、第3款中的轻率行为不需要与任何计算机、任何计算机程序或数据、任何特定类型的程序或数据有关联。该罪中的行为（a）本节中实施一个行为，包括

---

① ANON. Computer Misuse Act 1990 ［EB/OL］. ［2023-11-28］https://www.legislation.gov.uk/ukpga/1990/18/section/1/2015-05-03#commentary-c19759931.

② ANON. Computer Misuse Act 1990 ［EB/OL］. ［2023-11-28］https://www.legislation.gov.uk/ukpga/1990/18/section/2.

导致一个行为被实施；（b）行为包括一系列的行为；（d）对某物的损坏、阻止或妨碍包括临时性地实施这些行为。①可见，英国《计算机滥用法》的关注重点是没有经过授权或超越授权对计算机信息系统中数据造成损害的犯罪行为，以及与之相关的犯罪帮助行为。

早在20世纪70年代，美国便出现了滥用计算机实施的犯罪行为或者针对计算机实施的违法犯罪行为。然而，当时美国的司法者是通过扩张解释原有法条的方式处理新类型的计算机犯罪。直到1984年美国国会通过的《全面控制犯罪法》（Comprehensive Crime Control Act）中专门增设了计算机犯罪条文，后来这些刑法条款的内容又被规定在1986年的《计算机欺诈与滥用法》（Computer Fraud and Abuse Act，CFAA），编入美国联邦法典，位于第18编第1030条（18 U.S.C.§ 1030）。迄今为止，CFAA已先后经过多次修正。②其中，第1030（a）（1）条规定"任何人故意无权或越权侵入计算机，借此取得美国政府基于国防或外交理由而依据行政命令或法律禁止无权揭露的信息，或者任何如同1954年原子能法第11条第y项所定义之受限制数据资料，且足以认定此信息可被用于对美国造成损害，或者是为了外国的利益，故意通信、交付、传送或致使被通信、交付、传送或者意图通信、交付、传送，或致使其被通信、交付、发送于无权的接收者，或者故意保留相同文件，未将其交给有权接收的美国政府官员或其雇员"。第1030（a）（5）条规定"任何人（A）故意导致程序、信息、代码与指令的传播，并因该行为而故意未经授权地对一台受保护的计算机造成了破坏。（B）故意无权侵入受保护的计算机，并且该种轻率的行为造成了损害；或者（C）故意无权侵入受保护的计算机，并且因该行为造成了损害与损失"。第1030（a）（6）条"任何人故意且意图欺诈交易（按照第1029条定义）任何可以用来无权侵入计算机的密码或者类似信息，如果（A）这类交易将

① ANON.Computer Misuse Act 1990［EB/OL］.［2023-11-28］https：//www.legislation.gov.uk/ukpga/1990/18/section/3.
② 1994年《暴力犯罪控制与法律执行法》（Violent Crime Control andLaw Enforcement Act of 1994）、1996年《国家信息基础设施保护法》（National Information Infra-structure Protection Act of 1996）、2001年《爱国者法》（Uniting and Strengthening America by Provi-ding Appropriate Tools Required to Intercept and Obstruct Terrorism Act of 2001，USAPA-TRIOT）、2008年《身份盗窃与赔偿法》（Identity Theft Enforcement and Res-titution Act of 2008）。高仕银.美国政府规制计算机网络犯罪的立法进程及其特点［J］.美国研究，2017（1）：68-73.

影响州际或国际贸易；（B）该计算机被美国政府使用或用于美国政府"。第1030（a）（7）条"任何人意图向他人勒索财物或其他有价值的东西，而在州际或国际贸易中传输包含任何（A）威胁对受保护的计算机造成损害；（B）威胁无权或越权从受保护的计算机中获取信息，或者说威胁损害无权或越权从受保护的计算机中获取信息的保密性；或者（C）要求或请求损害与受保护计算机有关的金钱或者其他贵重物品，且该损害有助于实现勒索行为"。①从这些立法条文可见，尽管美国立法一开始便受制于其立法惯例将信息作为主要保护对象，但是并没有完全忽视对数据资料以及代码指令等计算机信息系统数据本体的保护，即并没有完全忽视对数据安全法益的保护。

在20世纪70年代初前后，德国发生了第一起计算机犯罪，自此，德国社会各界开始密切关注数据的刑法保护问题。②在立法层面，与数据的刑法保护有密切关联的是《德国第二部与经济犯罪作斗争法》，本法中规定了现行《德国刑法》中的第202条a探知数据罪等。德国立法者针对计算机犯罪进行的最近一次立法是2007年8月7日通过的《为打击计算机犯罪的刑法第41修正案》，"该修正案完成了欧洲理事会《关于网络犯罪的公约》和欧盟委员会《关于打击计算机犯罪的框架决议》在德国法中的移植……将德国网络犯罪立法提升到了新的高度，有利于遏制德国社会日益严重的新型网络犯罪"。③第41修正案涉及的法条主要是第202a探知数据罪、第303条a变更数据罪和第303条b破坏计算机罪，增加的法条是第202条b截取数据罪和第202条c探知数据和截取数据的预备。④从德国刑事立法的具体内容看，其计算机犯罪罪名体系的核心便是数据，在德国刑法中对数据的保护并不依赖于对计算机信息系统的保护。

日本的立法者在较早时期便关注到了对数据进行保护的必要性，1987年立法者在修订刑法典的时候便已经明确界定了"电磁记录"的

① ANON.18 U.S.Code § 1030-Fraud and related activity in connection with computersh［EB/OL］.［2024-01-01］https：//www.law.cornell.edu/uscode/text/18/1030.
② 申柳华.德国刑法计算机犯罪修正案研究［J］.北航法律评论，2013（0）：232.
③ 皮勇.论欧洲刑事法一体化背景下的德国网络犯罪立法［J］.中外法学，2011（5）：1038.
④ 申柳华.德国刑法计算机犯罪修正案研究［J］.北航法律评论，2013（0）：232.

含义。^①在对"电磁记录"进行明确的基础上，日本刑法分则部分规定了第161条之二的"不正当制作和提供电磁记录罪"等。其中，第157条与第234条之二的规定可以被划分为以"电磁记录"为工具的犯罪，第161条之二、第163条之二、第258条以及第259条可以被划分为以"电磁记录"为对象的犯罪。通过对前述各罪名的具体表述看，尽管以"电磁记录"为工具的犯罪罪名所保护的直接法益并非"电磁记录"的安全，但是以"电磁记录"为对象的犯罪所保护的直接法益明显是各种类型的"电磁记录"的安全，比如针对第163条之二的"非法制作、提供使用、出让支付用磁卡罪""根据立法起草机关的说明，本罪的保护法益为，对于构成支付用磁卡的电磁记录的真实性，以及使用这些支付用磁卡的支付体系的社会信赖"。^②这里的电磁记录，从其实质内涵看与我国的电磁数据、电子数据等概念所指涉的范围基本相同。

综上所述，英国、美国、德国、日本等国对计算机犯罪的治理都是以计算机设备本身、计算机信息系统与计算机数据的保护为开端。除去域外各国国内立法外，一些国际或地区性公约中也同样对计算机犯罪作了规定，而且相关规定符合上述论断：即对计算机本身、计算机系统与计算机数据的保护是计算机犯罪治理的开端。比如《网络犯罪公约》第1章为"术语的使用"，界定了计算机系统（computer system）、计算机数据（computer data）、计算机服务提供者（service provider）等。第2章是"国家层面上的措施"（包括刑事实体法、刑事程序法与管辖权），在该章实体法部分一共规定了9种具体的计算机犯罪类型，要求所有的缔约国立法禁止与处罚，包括非法拦截数据、非法干扰数据等。仔细观察英国、美国、德国、日本等老牌网络发达国家的计算机犯罪立法，总是可以发现《网络犯罪公约》的影子，这是因为这些国家大多是《网络犯罪公约》的缔约国，所以各国国内立法受到《网络犯罪公约》这一外在的强制性法律因素的推动与限制。^③尽管为了争取更多国家的加入，

① 电磁记录是指电子方式、电磁方式以及其他不被人感知的方法制作的电子计算机处理信息使用的记录。张凌，于秀峰编译.日本刑法及特别刑法总览［M］.北京：人民法院出版社，2017：8.
② 西田典之，桥爪隆.日本刑法各论［M］.王昭武，刘明祥，译.7版.北京：法律出版社，2020：394.
③ 《网络犯罪公约》第13条规定"缔约方应制定必要的国内法或者其他规定，保证对触犯公约第2-11条的犯罪人处以有效、相称、劝诫作用的刑罚，包括对自由的剥夺"。

在《网络犯罪公约》第40、42条中授权各国可以对上述条款全部或部分保留，但主要的缔约国基本上都已经依据《网络犯罪公约》与各国计算机犯罪治理的需要完成了国内立法的改造工作。

综上所述，数据安全法益并不是大数据时代的新型法益，其在计算机犯罪的刑法治理初期便已经受到了世界各国立法者的关注。这一结论理应成为我国数字经济时代数据安全刑法保护问题研究的基本共识结论。

6 数字经济时代获取型数据安全犯罪行为的刑法规制

6.1 非法获取计算机信息系统数据罪的规范释义

6.1.1 行为对象

作为数据安全犯罪的共同构成要件，对"计算机信息系统数据"的刑法解释应注意融贯协调，"根据刑法条文在刑法中的地位，联系相关法条的含义，阐明其规范意旨"。[①]目前，刑法学界针对非法获取计算机信息系统数据罪中的"计算机信息系统数据"所做的解释，主要有扩张论与限缩论两种观点：

其一，扩张论认为现行刑法保护的数据范围过于狭窄，应扩张保护数据范围。比如，王倩云提出本罪保护的对象是用于确认用户操作权限的身份信息，其他数据不是刑法意义上的数据。因此，应扩张解释计算

---

① 张明楷. 罪刑法定与刑法解释 [M]. 北京：北京大学出版社，2009：144.

机信息系统数据。①再如，李怀胜提出本罪保护对象不包括页面浏览痕迹、下载记录等数据。②其他相似观点不再赘述。

总体看，该观点可以被归纳为三点前提与一点结论。三点前提如下：一是立法层面上数据范围受到不当限缩，由于立法者将数据局限于"计算机信息系统中存储、处理与传输"的数据导致既有的数据安全保护侧重于对狭隘的、静态的、封闭的数据库数据的保护；二是司法层面上"两高"将司法解释作为工具再次限缩解释计算机信息系统数据，将其保护范围限缩为用于确认操作权限的身份认证信息；三是大数据时代应对动态数据进行链式保护，既有规范均不能实现该目标。一点结论如下：由于刑事立法与司法对数据保护范围进行不当限缩，因此，为适应数字经济时代数据安全保护需要，应删除非法获取计算机信息系统数据罪的限制条件，即删除"侵入/其他技术手段"与"计算机信息系统"，将采用任何手段侵犯任何数据的行为都纳入刑法评价范围。

其二，限缩论认为刑事司法对计算机信息系统数据的保护范围过宽，应予以限缩。比如，李遐桢提出根据《计算机犯罪解释》第1条规定，数据包括身份认证信息、图片、文字、影像资料以及专有的程序或软件等，范围过宽，有必要将数据化权利、虚拟财产、国防建设等三大重点领域数据、网络信号资源、商业秘密等数据排除在刑法保护范围外。③杨志琼提出非法获取计算机信息系统数据罪是名副其实的口袋罪，实践中对数据的解释立场"既架空了部分侵犯公民个人信息犯罪和财产犯罪，也侵蚀了知识产权犯罪"，因此，应对数据进行去财产化、去识别化与去创造性，以厘清非法获取计算机信息系统数据罪与财产犯罪、个人信息犯罪与知识产权犯罪的边界。④

综上所述，学界对于如何解释非法获取计算机信息系统数据罪中的"计算机信息系统数据"存在截然相反的态度。扩张论内部意见相对一致，均主张卸掉数据保护枷锁。限缩论内部对应如何调整非法获取计算

---

① 王倩云. 人工智能背景下数据安全犯罪的刑法规制思路 [J]. 法学论坛，2019 (2)：30.
② 李怀胜. 数据开放的刑法边界 [J]. 中国信息安全，2018 (12)：106.
③ 李遐桢，侯春平. 论非法获取计算机信息系统数据罪的认定——以法解释学为视角 [J]. 河北法学，2014，32 (5)：65.
④ 杨志琼. 非法获取计算机信息系统数据罪"口袋化"的实证分析及其处理路径 [J]. 法学评论（双月刊），2018 (6)：163.

机信息系统数据罪尚未形成一致意见。从支持者数量看，扩张论属多数说，限缩论属少数说。

本书认为非法获取计算机信息系统数据罪保护的对象是三大重点领域外计算机信息系统中存储、处理或者传输的任何数据。对扩张论者可从条文文义、立法原意与司法解释三个角度进行否定性反驳，具体理由如下：其一，从立法文义看，刑法中不属于非法获取计算机信息系统数据罪调整情形包括三种情况，一是未违反前置法规定，即获取计算机信息系统数据的行为没有违反前置法的规定；二是未违反范围的规定；三是未采取技术手段获取计算机信息系统数据。上述三方面，均不能得出非法获取计算机信息系统数据罪是为了保护计算机信息系统功能、被存储于计算机信息系统中的静态数据。

其二，全国人大常委会法工委从未试图限缩解释本罪保护的数据范围。根据全国人大常委会法工委的理解"计算机信息系统中'存储'的数据是指用户计算机信息系统的硬盘或其他存储介质中保存的信息，如用户计算机中存储的文件等。计算机信息系统中'处理'的数据，是指他人计算机信息系统正在运算中的信息。计算机信息系统中'传输'的数据，是指他人计算机信息系统各设备、设施之间，或者与其他计算机信息系统之间正在交换、输送中的信息，如敲击键盘、移动鼠标向主机发出操作指令，就会在键盘、鼠标与计算机主机之间产生数据的传输。'存储''处理''传输'这三种形态，涵括了计算机信息系统中所有的数据形态"。①显然，立法者关注的数据范围较广，并未将其限缩解释为静态的数据库、数据库中狭隘的身份认证信息或为实现计算机信息系统功能、依照一定组织目标进行排列和规整的计算机信息系统内部数据。

其三，《计算机犯罪解释》从未将"计算机信息系统中存储、处理或者传输的数据"解释为"身份认证信息"。"身份认证信息"只是判断非法获取计算机信息系统数据罪情节严重的一个要素，而非唯一要素。《计算机犯罪解释》第1条除规定了"身份认证信息"标准外，还有违

---

① 全国人大常委会法制工作委员会刑法室. 中华人民共和国刑法条文说明、立法理由及相关规定 [M]. 北京：北京大学出版社，2009：591.

法所得、经济损失等数额标准，以及其他情形兜底条款。这说明，一旦行为人实施的非法获取计算机信息系统数据行为所获取的数据即便不是身份认证信息，也可通过适用违法所得、经济损失或其他情形等规定将之纳入本罪的适用范围。这证明非法获取计算机信息系统数据罪保护的数据并非仅是身份认证信息，还包括其他类型的计算机信息系统数据。①

此外，本书关注到有论者提出本罪保护对象"与其说是数据，不如说是信息"的结论，依据是高铭暄、马克昌主编的《刑法学》第五版中对计算机信息系统数据所下的定义。在该书中，数据被理解为"在计算机信息系统中实际处理的一切文字、符号、声音、图像等内容有意义的组合"。②然而，该书自2017年第八版后，即删除了上述定义，这说明该书编者在改写书籍的过程中也已意识到相关定义的问题，不再坚持原有解释结论。因此，仍以该书中对计算机信息系统数据所作定义为论据展开的论证所得论点均无法成立。

总而言之，非法获取计算机信息系统数据罪保护对象扩张论者的观点难以成立，立法者并未有意将本罪保护范围限缩为身份认证信息，账号密码盗用行为仅是本罪打击重点而已，并非本罪全部调整对象。司法者也没有将非法获取计算机信息系统数据罪保护范围限缩解释为身份认证信息，身份认证信息只是判断该罪情节严重的指标之一，除该指标外，还有经济损失、违法所得及其他情形可辅助判断涉案行为是否情节严重。

对限缩论之观点，本书亦持否定态度。前文提到，限缩论者行文前提如下：由于司法实践对非法获取计算机信息系统数据罪的理解过于宽泛，使该罪异化为口袋罪，因此，需要对之进行限缩解释。本书将限缩论的观点拆分为两部分进行否定：其一，判断限缩论者提出的限缩解释计算机信息系统数据的建议是否合理；其二，判断限缩论者对非法获取计算机信息系统数据罪与破坏计算机信息系统罪口袋化的诘责是否正确。

---

① 欧阳本祺，曹莉. 非法获取他人 APP 数据的刑法定性［J］. 人民检察，2018（7）：37.
② 高铭暄，马克昌. 刑法学［M］. 5版.北京：北京大学出版社，2011：536.

首先，限缩论的观点并不合理，甚至反而会带来数据安全法益保护漏洞。个人数据包括原始个人数据与衍生个人数据，①结合可识别性标准，又可进而分为可识别的原始数据与衍生数据，不可识别的原始数据与衍生数据。如果对刑法中计算机信息系统数据进行限缩解释会造成如下问题：其一，在数据完整性与可用性方面，将破坏计算机信息系统罪保护对象解释为与计算机信息系统运行相关的数据或者说涉及计算机信息系统功能的数据，则必然会得出如下结论：与计算机信息系统运行无关或者与计算机信息系统功能无关的个人数据将被排除在刑法保护范围外。然而，这与数字经济时代记忆为常态、遗忘为例外的客观现实并不相符，各类数据收集设备不间断收集、记录与分析来源于个人的数据，并在该数据基础上形成用户画像等信息。大量琐碎数据并不能直接识别个人，此时，如依循前述理解则这些数据即使受到侵害，在刑法层面亦缺乏必要的保护工具。该结论明显不合理。

其二，当行为人违反国家规定，非法以技术手段获取可识别个人原始数据与个人衍生数据时，对行为人的性质认定会带来疑惑。限缩论主张该部分数据由于具有可识别性属于刑法公民个人信息，自然应被排除在非法获取计算机信息系统数据罪的适用范围外，依照侵犯公民个人信息罪进行定罪量刑。然而，此论过于高估可识别性的教义学价值，可识别性只能担负起判断实行行为是否构成侵犯公民个人信息罪、限缩侵犯公民个人信息罪适用范围的作用，难以担负起区分非法获取计算机信息系统数据罪与侵犯公民个人信息罪的重任。事实上，如果对非法获取计算机信息系统数据罪中的计算机信息系统数据进行去识别化的处理将会人为地制造个人数据保密性的保护漏洞。

我国刑法中采用是"定性+定量"的立法模式。因此，即使实行行为符合刑法分则犯罪构成，满足定性要件，仍须继续对定量要件进行判断，以确认行为入罪与出罪。2017年5月9日，《最高人民法院、最高人民检察院关于办理侵犯公民个人信息刑事案件适用法律若干问题的解释》出台（以下简称"《公民个人信息犯罪解释》"），第五条第七项

---

① 前者是指不依赖现有数据而产生的数据；后者指原生数据被记录、存储后，经过算法加工、计算、聚合而成的系统的、可读取的、有使用价值的数据。徐伟.企业数据获取"三重授权原则"反思及类型化构建［J］.交大法学，2019（4）：25.

规定"违法所得五千元以上的"是侵犯公民个人信息罪的情节严重。《计算机犯罪解释》第一条第四项规定"违法所得5 000元以上或者造成经济损失1万元以上的"是非法获取计算机信息系统数据罪的严重情节。因此，不妨假设如下案例：甲乙为好友关系，甲谎称游戏账号密码被盗，让乙帮忙找回。乙通过技术手段侵入到丙公司计算机信息系统并非法获取其中存储的10组游戏账号（没有密码）与对应的10条身份证件信息。乙将密码交付甲后，甲给予其1 000元的报酬。随后甲通过身份证件信息修改游戏账号密码并登入，进而将10组游戏账号中价值6 000元的虚拟财产进行非法转移。此案中，对乙所实施的行为应予以何种定性？

限缩论者无疑会认为涉案行为无罪。因为被乙所盗取的10组游戏账号（没有密码）与对应的10条身份证件信息具有可识别性能够被评价为公民个人信息。因而，应排除非法获取计算机信息系统数据罪的适用，只能适用侵犯公民个人信息罪。然而，涉案行为无论是信息条数还是违法所得等要求均未达到侵犯公民个人信息罪的入罪标准，遂应作出罪处理。然而，此处存在如下悖论：如果乙所盗取的这10组游戏账号附带密码，由于游戏开发方的原因游戏账号密码不用绑定任何具有可识别性的身份认证信息，乙盗取游戏账号密码的行为给丙公司造成了6 000元的损失，符合非法获取计算机信息系统数据罪的情节严重之标准，应予以入罪处理。此时，又怎么解释侵犯本应受到更严密保护的公民个人信息10组的行为不受刑罚处罚，而侵犯与公民个人信息毫无关系的账号密码10组的行为应受刑罚处罚呢？此种解释结论明显与刑法解释融贯性要求不协调，使刑法出现不应有的适用漏洞。

其次，限缩论提出的口袋化批评亦不合理。限缩论者提出数据安全犯罪司法适用数量大幅上升、司法者处理数据安全犯罪时存在思维惰性与惯性、数据安全犯罪罪名法定刑较重且在与其他罪名出现竞合或牵连关系时会"从一重"适用数据安全犯罪罪名。对此，笔者持否定见解，理由如下：一方面，数据安全犯罪罪名司法适用数量提升不能证明数据安全犯罪已成为"口袋罪"。胡春健在回应破坏计算机信息系统罪的

"口袋化"问题时提到"本罪的犯罪数量呈现大幅上升趋势，但是否构成'口袋罪'则需要更加严密的理论与实例支撑"。[①]对此，笔者表示赞同。数据安全犯罪罪名处理的案件数量在全部刑事案件中占比较低，即便近些年数据安全犯罪罪名司法适用率已大幅增长，但其适用总量保持在每年200~300个案件，早些年间甚至每年不足30个案件，且这些案件大多集中于对特定案件类型犯罪行为的打击。这种罪名适用状态表明司法人员在适用非法获取计算机信息系统数据罪与破坏计算机信息系统罪时较为谨慎，甚至由于过于谨慎造成罪名适用率过低，成为象征性立法。[②]因此，以数据安全犯罪罪名司法适用率提升作为证成数据安全犯罪罪名"口袋化"的理由很难成立。

另一方面，实证研究不能证明司法者存在司法惰性与司法惯性。有学者认为导致数据安全犯罪出现口袋化问题的主要原因是司法者存在司法适用惰性，司法实践中常常没能深入分析行为的法律属性，[③]而"对待破坏计算机信息系统等罪名的口袋性消减途径只有克服司法惯性、惰性和随意性，这并非一日之功，故而任重道远"。[④]还有论者提出"'破坏计算机信息系统罪'逐渐变为司法实践中应对《刑法》第287条中传统犯罪行为时的便捷选择，成为网络时代几乎能够通吃所有利用网络实施传统犯罪的'口袋罪'"。[⑤]然而，此判断过于武断。司法实践中，司法者并不是只要看到案件中涉及"计算机信息系统数据"便草率认定涉案行为构成数据安全犯罪，而是会在"案情"与"规范"间不断徘徊，努力确认涉案行为的规范本质。只是在司法实践中的确存在部分案件，由于司法者对数据安全法益及相关犯罪的理解存在差异，误把部分非数据安全犯罪行为作为数据安全犯罪进行处理。案件定性存在误

① 胡春健，孙伟. 破坏计算机信息系统罪的规范分析 [J]. 中国检察官，2019（7）：44.
② 刘艳红提出不同于网络犯罪立法的异常活跃，我国司法实务中网络犯罪罪名适用情况并不乐观。因为北大法宝案例库显示，截至2016年12月31日，破坏计算机信息系统罪共有47个，非法获取计算机信息系统数据、非法控制系统罪的案例是63个。这说明，从1997年至今，我国网络犯罪罪名适用率极低。刘艳红. 象征性立法对刑法功能的损害——二十年来中国刑事立法总评 [J]. 政治与法律，2017（3）：41-42.
③ 杨志琼. 非法获取计算机信息系统数据罪"口袋化"的实证分析及其处理路径 [J]. 法学评论（双月刊），2018（6）：164.
④ 这种将破坏计算机信息系统罪口袋化的问题推给司法者适用态度的做法，是否具有合理性存疑，且只提出问题，而未设想解决建议，价值存疑。陈小炜."口袋罪"的应然态度和限制进路 [J]. 苏州大学学报（哲学社会科学版），2015（3）：93.
⑤ 姜瀛."口袋思维"入侵网络犯罪的不当倾向及其应对进路 [J]. 苏州大学学报（法学版），2017（2）：106.

判现象与相关罪名是否构成口袋罪是两个问题，不能等而视之。在刑法理论语境中，口袋化是罪名模糊、含混、适用恣意的代名词，一旦某罪被贴上口袋罪的标签，极可能会导致司法人员在适用相关罪名时陷入左右为难的境地，宜慎之又慎。

在研究过程中，笔者还发现部分刑法学者提出目前云端数据与RFID数据等类型的数据会因为"计算机信息系统数据"这一表述而被排除在数据安全犯罪罪名刑法保护范围外的观点。然而，笔者认为此种观点既误解了云存储与RFID技术，也误解了刑法中的"计算机信息系统数据"，属于错误理解。

一方面，云端数据是计算机信息系统数据。云存储与云计算是一体两面的关系，"云计算可以被描述为数据存储从我们的计算机上的硬盘向云中服务器（即大型服务器）的转变。云计算可以从位于世界任何地方（只要与互联网连接）的任何设备随时随地访问我们的数据和服务"。[①]尽管云计算"意味着数据和程序不再仅仅着眼于自己的电脑，而是着眼于从网络中的数据存储器上下载，这主要是依赖使用者自身准确的命令，甚至都不必知道供应商是谁"，[②]但是存储于云端的数据并非真的在"虚幻的云端"，其只是脱离了用户个人计算机本地存储之限制，由服务商分布存储于不同地域的存储设备中而已。可见，云存储设备不仅是一种数据存储设备，其自身更是一个复杂的计算机信息系统。

对云存储系统中的数据进行非法获取与删改增的行为自然属于数据安全犯罪的评价对象。可见，那些认为"计算机信息系统数据"提法将使云端数据等排除在数据安全犯罪保护范围外的观点并不正确。从《计算机犯罪解释》看，在司法实践中已经通过对"计算机信息系统"与"计算机系统"作趋同与扩张解释，以使得刑事立法罪状表述中的计算机信息系统的适用范围大幅扩张，保证所有具有自动处理数据功能的系统都可以被评价为刑法中的计算机信息系统。在既有的刑法语境中，不

---

① 库尔巴厘贾. 互联网治理［M］. 鲁传颖，惠志斌，刘越，译. 7版.北京：清华大学出版社，2019：79.
② 希尔根多夫. 德国刑法学：从传统到现代［M］. 江溯，黄笑岩，等译. 北京：北京大学出版社，2015：380.

仅硬件设备等各种传感器、手机、平板电脑、存储服务器是计算机信息系统的组成要素，而且作为软件程序的微信、百度云盘等 App 也是计算机信息系统的组成要素。①在此种解释下，"计算机信息系统中存储、处理或者传输的数据"无论是本地数据，还是云端数据，抑或使用专门存储介质等存储的数据，只要对之实施非法获取、删除、修改与增加的行为就可以构成刑事犯罪。

另一方面，RFID 数据也是计算机信息系统数据。有学者认为 RFID②数据不属于我国刑法规范中所保护的计算机信息系统数据。对此观点，笔者持否定见解。从技术原理看，RFID 系统可被评价为具有自动处理数据功能的计算机信息系统。对此结论，即便是"计算机信息系统数据"质疑论者也不否认。但质疑论者对 RFID 系统中传输的数据是否可评价为刑法中的数据传输持否定态度，即认为 RFID 数据传输中的数据接收方是不确定的，身份也是不公开的，因此，RFID 系统中的数据不能被评价为刑法规范意义上在计算机信息系统中传输的数据。对此，本书认为大致可从如下三个方面予以反驳：

其一，RFID 系统的使用一般是为了实现防伪、防盗、标记等功能，设计运行目的是实现持有阅读器者与持有电子标签者之间的数据交换，即便阅读器的持有者与电子标签的持有者可能是不特定的多数人，即阅读器与电子标签间可能是一对多、也可能是多对多的关系，但最终在应用软件系统的一定应用目的支配下，所实施的相关设备持有者之间的数据交换，应该评价其为有目的性与非公开性。不能仅是因为阅读器与电子标签的持有者为非特定的多数人便认为该项数据交换具有公开性。换言之，无论 RFID 系统所使用的是不是加密标签，该项标签的使用者均期望数据交换是具有私密性的。不能因为其他人可以通过伪造、嗅探、跟踪等方式获取 RFID 系统中的传输之数据就否定该项数据的保密性。

其二，根据立法原意，我国数据传输的含义也较为宽泛，并没有要

---

① 林维. 数据爬取行为的刑事司法认定 [J]. 人民检察，2019（18）：47.
② RFID，即指射频识别技术（radio frequency identification），作为一种非接触式的自动识别技术，可通过射频信号自动识别目标对象，快速地进行物品追踪和数据交换. 刘同娟，杨岚清，胡安琪. RFID 与 EPC 技术 [M]. 北京：机械工业出版社，2017：1.

求设备间的数据交互必须采取加密方式进行，更没有要求数据交互具有明确的目的性。①可见，我国刑法对于"数据传输"的理解较为宽泛，只要是违背了数据权利人的意志，非法对传输中的数据进行获取、删除、修改或者增加，都可以被评价为非法获取或者破坏数据的行为，应受到刑法的调整。

其三，即便是德国，侵犯RFID系统传输的数据也可被评价为刑事犯罪。依据《德国刑法典》第202条b（截获数据）的规定"未经准许利用技术手段，为自己或他人从不公开的数据传递或从数据处理的电磁辐射中截获不属于自己的数据（第202条a第2款），处两年以下自由刑或罚金刑，但以行为未在其他条款受到更重的处罚为限"。②即使RFID系统所传输的数据不能评价为"非公开"的数据传递，但非法截获RFID系统中传输的数据之行为却仍可被评价为非法截取"数据传递设备的电磁辐射"的行为。可见，即便是在该学者所引用德国观点的原生语境下RFID系统数据也是受到刑法保护的。

综上可知，RFID系统是具有自动处理数据功能的计算机信息系统，RFID系统中存储、处理或者传输的数据自然可被评价为"计算机信息系统中存储、处理或者传输的数据"，违反国家规定对RFID系统中传输的数据进行非法获取、修改、删除或者增加的行为可被评价为非法获取计算机信息系统数据或破坏计算机信息系统（数据）。换言之，RFID系统中传输的数据并不会因为刑事立法采取了"计算机信息系统数据"的表述便被排除在刑法规范的保护范围外。

6.1.2 "侵入/其他技术手段+获取"行为

根据《刑法》第285条第2款可知，非法获取计算机信息系统数据罪为典型复行为犯。因此，笔者在本处将作为非法获取计算机信息系统数据罪的行为手段拆分为"侵入"、"其他技术手段"与"获取"三项内容进行类型分析。其中，"获取"是与数据安全保密性法益关系最为紧

---

① 全国人大常委会法制工作委员会刑法室. 中华人民共和国刑法条文说明、立法理由及相关规定［M］. 北京：北京大学出版社，2009：591.
② DEUTSCHES STRAFGESETZBUCH. 德国刑法典［M］. 徐久生，译. 北京：北京大学出版社，2019：149.

密的构成要件，是决定非法获取计算机信息系统数据罪成立与否的因素。

6.1.2.1 侵入

目前，对于侵入的理解，学界与实务界基本达成认知共识，认为侵入是指未经授权或超越授权进入他人计算机信息系统的行为。[①]最高人民检察院发布的检例36号指导性案例"卫梦龙等非法获取计算机信息系统数据案"也持相似的观点，该指导性案例提出侵入的表现形式包括采取技术手段破坏系统防护进入计算机信息系统，也包括没有取得被害人授权擅自进入计算机信系统，或者超出被害人授权范围进入计算机信息系统。

对于应该如何判断未经授权与超越授权这一问题，高仕银以比较法为研究视角，归纳美国联邦司法实践中的程序编码设限、服务协议设限以及代理人法则等三项判断未经授权的标准。其中，程序编码设限标准是美国司法实践中的常用标准。以上述判断为基础，该论者进而提出我国在借鉴美国联邦司法实践经验时也应该将程序编码设限标准作为判断计算机犯罪未经授权的唯一标准，并应参考美国的立法经验将超越授权理解为"行为人在获得授权使用计算机时，利用这一授权使用的机会去获取计算机信息系统中的数据或控制计算机信息系统，但行为人的数据获取或控制行为没有得到授权"。[②]

对上述观点，本书持否定见解。首先是针对超越授权的判断标准之理解，本书认为只将超越授权理解为获得进入计算机的授权后，超越授权获取数据或控制计算机这一种情形过于简单。比如，行为人完全可以是既获得了使用计算机信息系统的权限，又获得了获取计算机信息系统中某项数据的权限，但是其超越了授权范围获取了其他类型的数据，或者是超越了授权时间还对数据进行获取，这些情形在我国的司法实践中都可以被评价为未经授权与超越授权。对于未经授权的判断标准，我国

[①] 侵入的本质特征就是未经授权或超越授权。超越授权包括超越授权权限与超越授权时间范围等情形，如网络攻击中很多攻击方法属于"提升权限"的攻击方法，即通过合法渠道获得某个系统的一般权限后，利用系统的漏洞将自己的权限提升到管理员权限以获得对系统的控制权等。喻海松. 网络犯罪二十讲 [M]. 北京：法律出版社，2018：30.

[②] 高仕银. 计算机网络犯罪规制中的"未经授权"与"超越授权"——中美比较研究 [J]. 时代法学，2020，18（1）：93.

也不像该论者所言的那样存在集体性失语的情况。①虽然我国有些刑事案件裁判文书存在说理不足问题，但这并不排除我国司法实践中存在着对未经授权与超越授权的判断具有指导性价值的判例。事实上，该论者所归纳的三种美国联邦司法实践中用于判断何为未经授权的标准在我国刑事司法裁判中均可以找到对应的司法判例，且一部分判例已经被我国最高检与最高法上升为了具有指导全国刑事司法实践价值的指导性案例或者审判参考案例。

其一，程序编码设限标准与服务协议设限标准。以具有典型性的全国首例利用爬虫技术侵入计算机信息系统数据案为例，本案中被告人被定性为非法获取计算机信息系统数据罪的原因是涉案行为违反了爬虫协议、突破字节跳动公司的反扒措施，抓取了字节跳动公司的视频数据。违反爬虫协议的行为事实上即为服务协议设限标准的体现，②因为爬虫协议是互联网爬虫世界中的公认道德规范，行为人实施数据爬取行为时应自觉遵守爬虫协议，在遵守爬虫协议的情形下所实施的数据爬取行为无论如何都不会被当作犯罪处理，因为相关数据被爬取已经获得了权利人的授权，但是如果违反了爬虫协议进行数据爬取，则相关行为则可能被评价为违法犯罪行为。同时，通过对裁判内容进行考察可见，本案中法院认定被告人构成非法获取计算机信息系统数据罪的另一理由是违反了程序编码设限标准。法院的判决思路是字节跳动公司通过编码程序已经明确对特定类型的数据进行了编码设限，被告人继续利用相关技术手段对该编码设限进行技术突破进而非法获取字节跳动公司的视频数据。显然，此处考察的重点内容是被告人是否对被害人所作的程序编码设限进行了突破，进而判断涉案行为是否属于计算机犯罪领域中的"未经授权"。

其二，代理人规则标准。在"程某某非法获取计算机信息系统数据案"中，行为人在个人的笔记本电脑及公司的工作电脑中下载并运行teamviewer12远程控制软件，利用其个人笔记本电脑远程控制公司工作

---

① 高仕银认为有些法院在实践中没有对未经授权进行合理定义或详细解读，更遑论从司法判例中总结出类似于美国判解的具有中国特色的认定标准。高仕银. 计算机网络犯罪规制中的"未经授权"与"超越授权"——中美比较研究［J］. 时代法学，2020，18（1）：106.

② robots.txt，也称为爬虫协议、机器人协议，全称是"网络爬虫排除标准"（robots exclusion protocol），当爬虫要爬取某一个网站数据时会先检索该网站根目录项下是否存在robots.txt，如果存在，爬虫程序就应该按照文件中的内容确定访问的范围；如果该文件不存在，则该爬虫会默认所有网站数据都可以被爬取。

电脑并访问公司服务器，在工作环境下未经公司授权绕开公司的代码安全防护措施，私下将深圳市科脉技术股份有限公司服务器中"快食慧""好餐谋"等软件源代码使用屏幕拷贝的方式复制到其个人笔记本电脑中，后又将软件源代码上传至其个人微信中。法院在判决理由中写道：被告人程赞林违反国家规定，非法获取本公司服务器中存储的软件源代码，情节严重，其行为已构成非法获取计算机信息系统数据罪。被告人程赞林入职后与公司签订了相关网络安全保密协议，且在明知公司对所研发软件采取多种手段进行严格保密的情况下，违反公司规定，通过远程控制软件介入公司电脑，绕过公司多种防范措施，采取屏幕截图的方式，将公司的软件代码和文档非法获取后存储在个人电脑中，并因此导致公司需要聘请网络安全单位对其行为进行查找、发现漏洞，给公司造成经济损失，其行为符合非法获取计算机信息系统罪的构成要件。很明显，法院在处理本案时虽未明确归纳出代理人规则标准与编码程序设限标准，但实际上是在运用两标准。

对代理人规则标准的运用体现在被告人程赞林与科脉技术股份有限公司间签订的工作协议与保密协议中，程赞林作为深圳市科脉技术股份有限公司的雇员，行事目的应为公司服务，但其却违反了与公司签订的网络安全保密协议，非法获取相关数据，这些论述与前文中高仕银提到的代理人规则标准应无不同。对编码程序设限标准的运用体现于法院裁判文书中提到的程赞林"在工作环境下未经公司授权绕开公司的代码安全防护措施，私下将……等软件源代码下载使用屏幕拷贝的方式复制到其个人笔记本电脑中"。这种裁判理由完全符合前文中高仕银提到的美国司法判例中的程序编码设限标准的内涵。此外，在最高检发布的指导性案例"卫梦龙等非法获取计算机信息系统数据案"中，认定卫梦龙等人的行为构成非法侵入的主要依据便是代理人法则标准，该案中龚旭虽有访问授权，但其将个人账号密码等数据交给不具有授权的卫梦龙等人使用，此种内外勾结型的数据非法获取行为，也属于侵入计算机信息系统的行为。①该指导性案例虽然没有明确地指出代理人法则标准，但是

---

① 北京市海淀区人民法院〔2017〕京0108刑初392号刑事判决书。

认定龚旭行为也构成对计算机信息系统的非法侵入是因为其行为违反了雇员对于雇主的忠实义务，所实施的行为不是以雇主的利益为导向的，而这与美国联邦司法实践中的代理人法则标准的实质内涵基本相同。

此外，该论者所提出的以程序编码设限标准为"未经授权"的唯一判断标准这一观点明显存在不足。程序编码设限的含义是指行为人对于计算机信息系统的使用要符合程序编码设计要求，如果不按照程序编码设计的程序输入账号密码，而是采取技术性手段非法侵入计算机信息系统的行为即为违反了程序编码设限标准的行为。然而，在很多司法案件中，未经授权的侵入行为并不牵涉程序编码设计被突破的问题。比如，行为人可以直接通过插入外接存储设备的方式对计算机信息系统中的数据进行非法拷贝，在"温某非法获取计算机信息系统数据案"中，温某以公司电脑存在故障为由骗取了管理员所持有的电脑箱钥匙，通过外接存储设备的方式拷贝计算机信息系统数据，此种骗取钥匙打开计算机信息系统机箱，并顺利进入计算机信息系统中获取数据的行为不可能被评价为违背了程序编码设限标准的行为。[1]再如，"张政等非法获取计算机信息系统数据案"中，被告人张政等通过事先记住被害人的账号密码的方式，在网吧的其他电脑上登入被害人楼某等人的账号密码并将其虚拟财产进行转卖。[2]偷窥他人账号密码或者购买他人账号密码进而侵入到计算机信息系统的行为，不能解释为对程序编码设限标准的突破。

可见，如果只是以程序设限作为判断未经授权的标准会不当限缩未经授权的范围，实践中的未经授权侵入计算机信息系统行为的样态丰富，并不是某一个标准能够概括的。从这一侧面看，我国刑事立法与美国的刑事立法都没有对未经授权的具体含义进行明确的做法具有合理性，此种立法模式赋予了司法人员在司法实践中对未经授权行为进行灵活判断的权限。因为"立法机关根本不可能以一个固定时期且处于计算机技术发展初期的关于对'未经授权'样态的认识来诠释当时和未来的行为模式"。[3]同样，在刑事司法实践中也不可能只依据某个固定的标

① 广东省广州市天河区人民法院〔2019〕粤0106刑初1527号刑事判决书。
② 浙江省金华市婺城区人民法院〔2019〕浙0702刑初696号刑事判决书。
③ 高仕银. 计算机网络犯罪规制中的"未经授权"与"超越授权"——中美比较研究[J]. 时代法学，2020，18（1）：107.

准来判断涉案行为是否未经授权。综上所述，笔者以为中国的刑事司法实践对于未经授权与超越授权的判断并不是毫无标准的肆意妄为，美国的刑事司法实践对于未经授权与超越授权的判断也不是无可挑剔的圭臬，在进行域外法经验的比较与借鉴时应以最终能够落地到我国实践为准，不可过于迷信域外的做法。同时，对我国的刑事司法实践的考察，也不要仅仅停留在通过对关键词的检索获取宏观数据的层面上，而是应该深入具体的刑事司法微观样态中去对刑事司法判例进行研读、分析与提炼。

6.1.2.2 其他技术手段

利用其他技术手段主要是指假冒或者设立虚假网站，或者利用网关欺骗技术，行为人并不需要进入他人计算机信息系统就可以获取其他计算机存储、处理或者传输的数据之行为。①由于其他技术手段类型丰富，这要求司法者在针对行为手段进行具体判断时应掌握专业技术知识，防止因对技术手段的理解偏差造成个案的定性偏差。

6.1.2.3 获取

是否存在"获取数据"行为直接影响涉案行为是否成立非法获取计算机信息系统罪，以及未遂犯罪停止形态。具体案件中，必须存在"获取数据"行为，且该行为对计算机信息系统数据保密性造成了"情节严重"的损害，才可认定构成非法获取计算机信息系统数据罪的犯罪既遂。否则，至多只能成立未遂。尽管"获取"行为的认定在非法获取计算机信息系统数据罪的解释中具有至关重要的作用，但目前部分刑法学者对非法获取计算机信息系统数据罪中"获取"的理解还存在偏差，常将本罪的"获取"与日常用语中的"获取"相等同，忽视了获取行为与数据保密性法益之间的解释联动。后文将以非法获取虚拟财产的刑法认定为例，说明非法获取计算机信息系统数据罪中的"获取"与日常语境中的"获取"之不同，本处不过多叙述。

6.1.3 情节严重

由《刑法》第285条第2款可知，成立非法获取计算机信息系统数

---

① 黄太云.《刑法修正案（七）》解读［J］. 人民检察，2009（6）：17.

据罪须满足情节严重的要求。在对本罪情节严重作出具体评述前，应先明确情节严重在犯罪论中的体系定位。

为防止立法表述冗长，立法者在刑法中广泛使用了情节严重这一立法模式。对于这些情节严重的立法规定，有论者曾提出此规定内涵外延均较为模糊，时而可被用于区分罪与非罪，时而又被用于区分轻罪与重罪，具体含义之解释权限则在于司法工作人员，而一般的公众对之含义常无从了解。①然而，既然刑法中广泛采用情节严重立法体例，再不顾现实予以强烈批判，意义有限。正确的做法是应利用教义学知识去规范解读情节严重，避免刑事司法者对情节严重进行恣意解释，并随意出罪与入罪。在四要件犯罪论体系下，通说认为情节严重是综合性立法规定，包括除客体要件外的其他三个构成要件内容。②然而，伴随犯罪论体系的转型，如何在阶层论中定位情节严重成为新难题，以至于"明确其在犯罪论中的体系性地位，继而确定其与行为人主观方面的关系，是当代中国刑法学上难解的'理论之结'"。③目力所及，学界主要有如下五种观点：

其一，类构成要件复合体说。王莹通过全面提炼与剖析我国司法解释中对情节严重所作的解释提出，虽然我国刑事立法中的情节严重之规定大多数应被认定是构成要件要素，但是我国刑事立法中的情节严重同样不乏作为客观处罚条件等要素存在的情形。因此，情节严重在我国阶层犯罪论体系中宜被认定为"类构成要件复合体"。④应承认，王莹对既有的刑事司法解释作了较为全面的提炼与剖析。然而，从王莹文中的具体内容看，其存在着较为明显的误将刑事司法解释与刑事立法文本的法律效力进行等同看待的问题。"类构成要件符合说"被提出的重要理论前提是"司法解释对犯罪构成的补充性'解释'实际上获得了立法的品格"。⑤也正因此，王莹才直接以刑事司法解释中对情节严重所作的解释作为理解情节严重在刑事立法体系定位中的唯一根据。

然而，无论刑事司法是否为有权解释，其都不能与刑法文本具有相

---

① 陈兴良. 刑法哲学 [M]. 北京：中国政法大学出版社，1992：499.
② 张明楷. 论刑法分则中作为构成要件的情节严重 [J]. 法商研究，1995（1）：15.
③ 王莹. 情节犯之情节的犯罪论体系性定位 [J]. 法学研究，2012（3）：126.
④ 王莹. 情节犯之情节的犯罪论体系性定位 [J]. 法学研究，2012（3）：126.
⑤ 王莹. 情节犯之情节的犯罪论体系性定位 [J]. 法学研究，2012（3）：144.

同法律效力。同理，将刑事司法者对刑事立法中某一立法表述的解释直接视为该立法表述在刑事立法中的真实含义的做法并不正确，甚至可以说该做法存在违反刑法罪刑法定原则的嫌疑。本书认为刑法学领域，除国家权力机关作出的立法解释外，司法解释和学理解释对某一刑法条文所作的补充性解释，除获得国家立法机关的明确授权，否则无论如何都不可能获得立法品格。更毋论，"事实上，司法解释的规定多是非常具体的，但是，规定越具体，一些案件越无法处理，司法解释的漏洞也就越多"。①正是因此，只对既有司法解释进行归纳判断，而不对司法解释内容本身的合理性进行深入分析的"类构成要件复合体说"为本书所不取。

其二，客观处罚条件说。熊琦认为情节、数额等内容在我国刑法犯罪论中的定位相当于客观处罚条件在德国刑法犯罪论中的定位。②石聚航在其《侵犯公民个人信息罪情节严重的法理重述》一文中认为柏浪涛也认可情节严重是客观处罚条件。③经考证，该理解存在偏差，柏浪涛的文中将"情节"与"严重"作了区分。对于"情节"，其赞同张明楷的观点，即情节严重中的"情节"在性质上属于不法构成要件要素。所谓"情节"只是对具体的不法构成要件要素的一种概括式描述，而"严重"是对不法构成要件的整体评价要素。表面上看，"严重"这种评价标准会影响行为的违法程度，但这种影响只是一种评价结论上的影响，而不是实体存在上的影响，其本身并没有为违法性提供新的根据。从实体存在上看，只有情节本身才为行为违法提供实质根据，是违法不可或缺的构造材料。从性质机能上看，"严重"作为对行为违法程度的评价标准，不是不法构成要件要素，但又能决定刑罚的启动，即评价行为的整体违法性是否达到了需要采取刑罚的程度，因而是一种客观处罚条件。④

刑法教义学理论认为具体个案中行为人对属于客观处罚条件的情形不需要有所认识。因此，如若将情节严重定性为客观处罚条件，则意味

① 车浩，陈兴良，张明楷. 立法、司法与学术——中国刑法二十年回顾与展望［J］. 中国法律评论，2017（5）：18.
② 熊琦. 德国刑法问题研究［M］. 台北：元照出版有限公司，2009：89.
③ 石聚航. 侵犯公民个人信息罪"情节严重"的法理重述［J］. 法学研究，2012（3）：67.
④ 柏浪涛. 构成要件符合性与客观处罚条件的判断［J］. 法学研究，2012（6）：139.

着情节严重不再是具体个案中行为人实施犯罪行为时需要认识的内容，此做法"势必会弱化责任要素的个别评价机能。同时，'情节严重'是客观处罚条件，无异于导向严格责任"。①实际上，在客观处罚条件之理论源头的德国刑法学中，客观处罚条件也只是作为一种特殊的处罚条件被德国立法者规定于少数的犯罪类型中。②与德国立法不同，我国刑法分则中有七十余条文明确使用了情节严重或情节恶劣的立法表述，如果在我国刑法学理上将这些立法表述全部解读为客观处罚条件，"将可能直接消解作为法治国家自由保障基础的责任主义原则。至于我国刑法具体哪些规定属于客观处罚条件，还有待于我国学者进行审慎的解读与甄别"。③因此，该说也不为本书所支持。

其三，罪量说。陈兴良提出情节严重、后果严重等内容属于罪量要素。④与客观处罚条件说相似，陈兴良认为具体个案中行为人实施行为时对罪量要素（包括情节严重）不需要有所认识。⑤因此，前述批判客观处罚条件说时提出的刑法定罪导向严格责任的观点可被直接用于对罪量说的批判。此外，张明楷针对罪量说提出了如下合理的批评：第一，根据刑法责任主义原理，将客观违法事实归于行为人、要求行为人对该客观违法事实具有非难可能性，尤其要求行为人对违法事实具有故意或过失。将情节严重作为罪量要素，不要求行为人有认识或认识可能性，难以符合责任主义要求。第二，既然认为某些罪量要素表明行为的法益侵害程度，就不能认为它不属于罪体的内容，也不能认为它与故意、过失没有关系。第三，虽然德国、日本的三阶层与两阶层体系中，客观处罚条件是不需要认识的内容。但是，根据责任主义，也要求行为人具有认识的可能性。所以即便采取罪量要素的概念，也不能认为其与故意、

① 石聚航. 侵犯公民个人信息罪情节严重的法理重述 [J]. 法学研究，2018（2）：67.
② 许玉秀. 当代刑法思潮 [M]. 北京：中国民主法制出版社，2005：83.
③ 梁根林. 责任主义原则及其例外——立足于客观处罚条件的考察 [J]. 清华法学，2009，3（2）：57.
④ 陈兴良将源自德日的阶层犯罪论进行中国化改造后形成了"罪体-罪责-罪量"说。罪体是犯罪成立的第一个要件，罪体首先包括主体、行为、结果及其因果关系等罪体构成要素，这些要素之间具有位阶关系，应当依次进行判断。在具备罪体构成要素的基础上，如果存在罪体排除事由，则罪体仍然被否认。在具备罪体的基础上，再进行罪责的判断。因此，罪责是犯罪成立的第二个要件，罪责包括故意、过失及目的等罪责构成要素，这些要素之间同样具有位阶关系。在具备罪责构成要件的基础上，如果存在罪责排除事由，则罪责仍然被否认。陈兴良. 规范刑法学（上册）[M]. 4版. 北京：中国人民大学出版社，2017：111.
⑤ 陈兴良. 作为犯罪构成要件的罪量要素——立足于中国刑法的探讨 [J]. 环球法律评论，2003（3）：276.

过失没有关系。①因此，罪量说也为本书所不取。

其四，整体的评价要素说。张明楷认为实践中一些具有法益侵害性的行为虽具有刑事违法性，但危害程度尚未达到刑事可罚的程度，此时很难通过增加特定要素的方式使行为的违法性达到值得刑罚处罚的程度，又或者很难预见增加哪些特定要素可以使行为的刑事违法性达到值得刑罚处罚的程度。因此，立法者将情节严重作为判断具有违法性但尚未达到刑事可罚程度的行为是否应受处罚的整体性评价要素。②对本说，石聚航认为存在判断要素不明确、判断要素评价缺位等问题。③与之相反，笔者认为并不是因为将情节严重评价为整体评价要素的观点导致情节严重存在判断要素不明确、判断要素评价缺位等问题的存在，造成以上两问题的真正原因是情节严重立法表述的模糊性特征。情节严重语义模糊，范围较广，使之在具体情境下显得含义不清、判断标准不明，从而导致情节严重司法判断难。

此外，虽然张明楷与石聚航在确定情节严重的体系性定位时分别使用了"整体的评价要素说"与"违法构成要件要素说"两个不同的概念，但这两个概念的具体含义却完全相同。张明楷曾认为作为"整体的评价要素"之情节严重属于包括主客观构成要件要素的综合性要件。目前，张明楷持纯粹客观违法性论，因此，"情节严重这种整体的评价要素，也是一种构成要素"④且"只能是指客观方面的表明法益侵害程度的情节"。⑤既然两位学者都将情节严重视为客观构成要件要素，且张明楷提出"整体评价要素说"的目的不是为了在既有构成要件要素类型外寻找其他的整体性评价要素，只是主张要将构成要件要素作为一个整体予以看待评价其违法性程度。可见，"整体性评价要素说"与客观的"违法构成要件要素说"的实质内涵并无不同。

其五，违法构成要件要素说。陈洪兵⑥、石聚航等在纯粹的客观违法性论的立场下将情节严重理解为纯粹客观违法性构成要件要素。⑦对

① 张明楷. 犯罪构成体系与构成要件要素 [M]. 北京：北京大学出版社，2010：249-251.
② 张明楷. 犯罪构成体系与构成要件要素 [M]. 北京：北京大学出版社，2010：239.
③ 石聚航. 侵犯公民个人信息罪情节严重的法理重述 [J]. 法学研究，2018（2）：68-69.
④ 张明楷. 犯罪构成体系与构成要件要素 [M]. 北京：北京大学出版社，2010：240.
⑤ 张明楷. 犯罪构成体系与构成要件要素 [M]. 北京：北京大学出版社，2010：241.
⑥ 陈洪兵. 情节严重司法解释的纰缪及规范性重构 [J]. 东方法学，2019（4）：87.
⑦ 石聚航. 侵犯公民个人信息罪情节严重的法理重述 [J]. 法学研究，2018（2）：69.

此，本书持反对态度，并认为违法性构成要件要素应同时包括主客观两个方面的内容。通过对犯罪论体系的历史演变进行考察可知，在古典犯罪论体系中构成要件是无价值的中性要件，也即纯粹的客观内容。[①]此时，构成要件阶层与违法性阶层的判断都是行为的客观方面，行为的主观方面则属于有责性判断的对象。在古典犯罪论体系提出不久，德国民法学者 H.A.费舍尔在 1911 年发现主观违法要素，指出"不是这样的客观事件被禁止，而是禁止或被允许，完全取决于行为人实施犯罪的思想"。[②]德国刑法学者 Heger 和 M.E.Mayer 随后也提出由主观违法要素和规范的构成要件要素的看法。[③]自此，主观的构成要件要素之存在价值受到德国，以及受德国刑法影响较重的日本、中国等国家学者的广泛支持。虽然学理上对主观构成要件要素范围问题还存在较多争议，但是承认构成要件要素中包含主观构成要件要素的观点已成为通说。

比如，德国金德霍伊泽尔明确指出"按照目前完全主流的看法，故意属于主观的构成要件，那么，这就意味着，在故意犯的领域，故意是不法的基础"。[④]韦塞尔斯也指出"今天，德国刑法学已经普遍认可了主观方面不法元素的存在"。[⑤]耶赛克[⑥]、罗克辛[⑦]等也持相同观点。马克昌经过比较考察提出在日本刑法学研究中主观违法性要素肯定论也占据通说地位，团藤重光、福田平、大塚仁、西原春夫、野村稔等均持此说。[⑧]经笔者考证，除上述学者外，前田雅英也认为"为了使犯罪类型个别化、特定化，不得不承认既遂犯中'故意'也具有构成要件要素的性质。如果不追问行为人的主观状态，就不能判断该当何种构成要件。在将人杀死时，不论是本来就打算要杀死对方的杀人罪，还是本来打算伤害对方的伤害致死罪，抑或者是没有伤害的故意但由于疏忽大意而造成对方死亡的过失致死罪，三者的'构成要件'各不相同"。[⑨]此外，

① 许玉秀. 当代刑法思潮 [M]. 北京：中国民主法制出版社，2005：83.
② 耶赛克，魏根特. 德国刑法较科学（上）[M]. 徐久生，译. 北京：中国法制出版社，2017：426.
③ 许玉秀. 当代刑法思潮 [M]. 北京：中国民主法制出版社，2005：66.
④ 金德霍伊泽尔. 刑法总论教科书 [M]. 蔡桂生，译. 6版.北京：北京大学出版社，2015：136.
⑤ 韦塞尔斯. 德国刑法总论 [M]. 李昌珂，译. 北京：法律出版社，2008：81.
⑥ 耶赛克，魏根特. 德国刑法较科学（上）[M]. 徐久生，译. 北京：中国法制出版社，2017：371.
⑦ 罗克辛. 德国刑法学总论（第1卷）[M]. 王世洲，译. 北京：法律出版社，2005：199.
⑧ 马克昌. 比较刑法原理——外国刑法学总论 [M]. 武汉：武汉大学出版社，2002：123.
⑨ 前田雅英. 刑法总论讲义 [M]. 曾文科，译. 6版.北京：北京大学出版社，2017：30.

松宫孝明[①]、大谷实[②]、西田典之[③]与山口厚[④]等教授亦持此观点。由此可知，尽管德日两国的刑法学者对于主观构成要件要素的具体内容是否包含故意与过失还存在着一些争议，但通说将主观要素作为构成要件要素看待，这种情况在我国也基本相同。篇幅受限，本处不再对国内学者观点进行一一赘述。

作为违法构成要件要素，对情节严重进行判断的目的是综合考察行为违法性是否达到刑事可罚的程度。基于上述理解，非法获取计算机信息系统数据罪情节严重的解释要点应包括两方面：

其一，情节严重属于违法性构成要件要素，同时包括主观与客观两方面的内容。从非法获取计算机信息系统数据罪的法条文义看，本罪的保护对象是三大重点领域外的计算机信息系统数据，保护的直接法益是数据保密性。一般而言，犯罪成立与否和责任轻重与非法获取的数据本身有关，包括数量、性质等。其中，最能直接体现出数据保密性法益的标准应该是"数据量"。因此，未来出台新司法解释时应有意识地将"数据量"作为一项判断情节严重与否的判断标准。当然，考虑法域协调问题，在以"数据量"作为入罪门槛时，应注意与《数据安全法》等有关法律协调一致。《数据安全法》第19条规定："国家根据数据在经济社会发展中的重要程度，对数据实行分级分类保护。"因此，"数据量"也应采用分级分类的方式进行具体规定，如规定对普通数据可以2GB为入罪标准，对重要数据可以1GB为入罪标准。当然，以上数量只是设想，究竟以什么数量为标准仍待司法机关进行充分调研，并允许不同类型数据数量进行比例折算。

有论者提出可将非法获取50台以上计算机信息系统中存储、处理或者传输数据的行为规定为情节严重。[⑤]对此，本书表示支持。考虑到非法获取计算机信息系统数据行为侵犯的是数据保密性法益，相对于删

① 松宫孝明. 刑法总论讲义 [M]. 钱叶六，译. 王昭武，审校. 4版补正版.北京：中国人民大学出版社，2013：46.
② 大谷实. 刑法讲义总论 [M]. 黎宏，译. 2版.北京：中国人民大学出版社，2008：116.
③ 西田典之. 日本刑法总论 [M]. 王昭武，刘明祥，译. 2版.北京：法律出版社，2013：60.
④ 山口厚. 刑法总论 [M]. 付立庆，译. 3版.北京：中国人民大学出版社，2018：95.
⑤ 田刚. 大数据安全视角下计算机数据刑法保护之反思 [J]. 重庆邮电大学学报（社会科学版），2015，27（3）：36.

除、修改与增加计算机信息系统数据行为侵犯的数据完整性与可用性法益而言行为烈度较低。因此，可参考《计算机犯罪解释》第4条第1款第二项"对20台以上计算机信息系统中存储、处理或者传输的数据进行删除、修改、增加操作的"，对非法获取计算机信息系统数据罪情节严重的"台数"要求应适当上浮，具体上浮数量可由司法机关进行大数据分析后得出。以上均是围绕客观违法构成要件要素展开，在主观违法构成要件要素方面，也可以参照《公民个人信息犯罪解释》中对侵犯公民个人信息罪所作的解释，即将"知道或者应当知道他人欲实施犯罪，为其获取数据"作为情节严重判断标准。详言之，虽从客观上看涉案行为对数据保密性法益的侵犯尚未达到情节严重程度，但"知道或应当知道他人欲实施犯罪"，还帮助其非法获取计算机信息系统数据，即表明行为人对数据保密性法益进行破坏的主观违法性程度较高。此时，涉案行为亦应受到惩罚。

其二，情节严重的判断应尽可能防止预防刑的介入，满足责任刑的要求。"责任刑是向后看的、回顾性的，被告人过去干的事情导致他要一人做事一人当""预防刑则是向前看的：就被告人犯罪前后的表现或再犯可能性来讲，未来防止其再犯罪，把他判得重一点好还是轻一点好？"[1]非法获取计算机信息系统数据罪的情节严重虽也同时具有判断重罪与轻罪的功能，但是其最重要的教义学价值是作为入罪与出罪的判断标准。既然非法获取计算机信息系统数据罪的情节严重是判断涉案行为是否构成犯罪，而不仅仅是影响量刑的标准，那么，这一标准就应该是向后看、回顾式地分析行为人是否应该为其做过的事情负责任，至于责任刑要素则应该被放到已经定罪后的量刑阶段再去考察。因此，已经受过处罚、累犯、自首、立功等预防性情节"都只能是在成立犯罪以后的量刑阶段才能考虑的预防要素，而不应当颠倒顺序"。[2]因而，本书建议我国司法机关在将来更新关于非法获取计算机信息系统数据罪情节严重认定标准的司法解释时，应避免设置类似于"曾受过刑事或行政处罚，又再次实施犯罪"等预防刑要素的情节

---

① 周光权. 量刑的实践及其未来走向 [J]. 中外法学，2020，32（5）：1155.
② 张明楷. 阶层论的司法运用 [J]. 清华法学，2017，11（5）：36.

严重认定标准。

目前，"两高"在《计算机犯罪解释》中对非法获取计算机信息系统数据罪情节严重认定标准进行了明确，具体内容如下：一是身份认证信息。由于电子化形式存在的身份认证信息可能是属于公民个人信息的账号密码，因此，非法获取身份认证信息行为既可能构成非法获取计算机信息系统数据罪，也可能构成侵犯公民个人信息罪。然而，《计算机犯罪解释》中身份认证信息作出的数量要求与《公民个人信息犯罪解释》对账号密码作出的数量要求不同，这导致对相关涉案行为是否构成犯罪的判断存在司法恣意与罪刑不均等问题。具体来说，《计算机犯罪解释》将身份认证信息分为网络金融服务类与一般类两种，两类标准分别要求达到 10 组与 500 组以上才构成严重。《公民个人信息犯罪解释》则规定可能影响到人身、财产安全账号密码类公民个人信息达到 500 条以上时构成侵犯公民个人信息罪的情节严重。此处，须先解决"组"与"条"的关系问题。官方认为"有些情形下'一条'公民个人信息应当理解为'一组'公民个人信息。例如，公民个人的银行账户、支付结算账户、证券期货等金融服务账户的身份认证信息，应当理解为一组确认用户操作权限的数据，包括账号、口令、密码、数字证书等，而非单个数据"。①据此，行为人非法获取 10 组金融身份服务认证信息可被认定构成非法获取计算机信息系统数据罪，判处 3 年以下有期徒刑或拘役，并处或单处罚金；行为人非法获取 50 组金融服务身份认证信息的行为属于非法获取计算机信息系统数据罪情节特别严重的情形，可被判处 3 年至 7 年有期徒刑并处罚金。然而，如果按照侵犯公民个人信息罪来处理，只要不具备其他情节严重情形，即使非法获取的身份认证信息达到了 499 组也不会被认定构成犯罪。这样，就很容易造成想要入罪时，司法者将之解释为非法获取计算机信息系统数据，不想入罪时将之解释为侵犯公民个人信息。此外，非法获取身份认证信息的犯罪行为如果在获取信息组数上没有达到非法获取计算机信息系统数据罪与侵犯公民个人信息罪情节严重

---

① 喻海松. 《关于办理危害计算机信息系统安全刑事案件应用法律若干问题的解释》的理解与适用 [J]. 人民司法，2011（19）：25.

的要求，但是却造成了1万元以上的经济损失时，根据非法获取计算机信息系统数据罪便应以情节严重进行入罪，而根据侵犯公民个人信息罪则没有达到情节严重的程度不应予以入罪处理。这种为司法者预留的"一念牢狱之灾，一念自由天堂"的裁量空间，难可称为合理刑事司法解释。

此外，《计算机犯罪解释》第1条第1项与第2项设置的组数要求不符合数字经济时代背景。在数字经济时代，应以"数据量"为标准替代身份认证信息标准，并对"数据量"要求适度提高，以兼顾数据开发与数据保护，防止因数据保护造成数据开发使用受到不当影响。高艳东也曾提出类似意见，其提出应将非法获取其他受保护数量达到GB级别或者超过10万条的情形解释为《计算机犯罪解释》中的"其他情节严重的情形"。① 与之不同，笔者认为应区分数据类型设定不同标准，而非随意提出"数据量"标准。毕竟情节严重的判断将直接影响到对非法获取计算机信息系统数据罪犯罪圈的划定，设定"数据量级"的数值过高将造成非法获取计算机信息系统数据罪的不当限缩，影响对数据安全的保护，而设定"数据量级"的数值过低又将造成非法获取计算机信息系统数据罪的不当扩张，影响数据产业的建设。此外，笔者还关注到刘艳红在讨论数据安全犯罪时提出，在Web3.0时代应对网络犯罪进行升维打击，而非同维打击，更不应降维打击。刑法设立的计算机与网络犯罪专有罪名，由于不存在对应的线下犯罪罪名，因此也不存在与线下犯罪相比所带来的降维或升维打击问题。② 对此，笔者认为即便在Web3.0时代专门的计算机犯罪与网络犯罪罪名也不存在线上线下对比、升降维度对比问题，还是应注意到现有数据安全犯罪定量标准体系略显滞后，应根据时代发展情况予以及时更新，基于大数据时代数据数量爆炸的现实，适度提高刑事入罪的"数据数量"要求。

二是违法所得与经济损失。学界对"两高"在解释分则罪名中的情

① 庄永廉，林维，高艳东，等. 利用爬虫加粉软件"打劫"个人信息牟利如何适用法律 [J]. 人民检察，2019（18）：43.
② 刘艳红. Web3.0时代网络犯罪的代际特征及刑法应对 [J]. 环球法律评论，2020（5）：113.

节严重时惯常使用"违法所得"与"经济损失"认定标准的现象提出了较多批评。比如,石聚航在批评"侵犯公民个人信息罪"的情节严重标准时便指出本罪司法定性时存在避免就易的问题,大多案件只关注行为人的违法所得数额。[①]这一批判较为客观,并且在非法获取计算机信息系统数据罪的司法认定中也呈现出了相似现象,即司法者倾向于以"违法所得"与"经济损失"为认定情节严重的标准,而刻意忽视对其他标准的采纳与适用。尽管如此,贸然主张废除该标准的建议与实际难以相符,毕竟非法获取计算机信息系统数据并以此获利或者造成被害人经济损失高达一定数额,可以反映出涉案行为给数据安全保密性法益造成的侵害程度。如果在司法解释中将此项标准删除,司法者同样可能因为对数据进行分类与组数统计耗费大量的精力,转而会选择采用"其他情节严重的情形"这一兜底性规定,并将经济损失、违法所得等解释为"其他情节严重的情形"。因此,在尚无良好替代措施前,借用司法解释将"违法所得"与"经济损失"作为标准并对之进行明确对于限制刑事司法活动的恣意可能性,保证刑事司法活动的结果可预测性,具有一定的积极价值。

6.2　数字资产视野下非法获取虚拟财产行为的定性

刑法理论上针对虚拟财产有广狭义之分。广义说认为只要具有一定的财产价值,以计算机信息系统数据形式存在的财物都是虚拟财产,包括账户类、物品类以及虚拟货币类虚拟财产等。[②]狭义说认为虚拟财产是仅仅在网络世界中存在意义的财物。[③]皮勇在讨论虚拟财产问题时,认为"虚拟财产这一称谓自产生之日起就是在做误导性指引,使人忽视其系统数据本质,为申明观点,笔者在此没有使用传统惯称的虚拟财产这一称谓,而是使用'网络虚拟财物'指向网络游戏中的游戏装备、游

① 石聚航. 侵犯公民个人信息罪情节严重的法理重述 [J]. 法学研究, 2018 (2): 65-66.
② 陈兴良. 虚拟财产的刑法属性及其保护路径 [J]. 中国法学, 2017 (2): 146.
③ 欧阳本祺. 论虚拟财产的刑法保护 [J]. 政治与法律, 2019 (9): 40.

戏币等"。可见，其所持的仍为狭义说之立场。①本书倾向于狭义说，因为如果某一财物在线上线下均具有财产意义，那么，其仍是真实财产，而不是虚拟财产。在数字经济时代，虚拟财产在刑法财物中所占比重不断增加。因此，有必要专门研究虚拟财产的刑法保护问题。以"盗窃游戏币"为关键词，并将判决书作出地域限制为"浙江省"进行实证检索（见表6-1），可以发现在浙江省域范围内对"盗窃游戏币"行为的定性，不仅没有隶属关系的各中级法院与基层法院之间存在争议，而且有隶属关系的中级法院与基层法院之间也存在争议，甚至同一法院内部的刑事判决还存在争议。

表6-1 浙江省域范围内"盗窃游戏币"定性统计②

裁判结果	涉及法院	案号
盗窃罪	杭州市拱墅区人民法院；舟山市普陀区人民法院；浦江县人民法院；丽水市中级人民法院；义乌市人民法院；台州市黄岩区人民法院；宁波市奉化区人民法院…	〔2020〕浙0105刑初61号；〔2018〕浙0903刑初244号；〔2018〕浙0726刑初538号；〔2017〕浙11刑终67号；〔2017〕浙0782刑初1749号；〔2016〕浙1003刑初377号；〔2015〕甬奉刑初字第661号…
非法获取计算机信息系统数据罪	温州市中级人民法院；金华市婺城区人民法院；苍南县人民法院；金华市中级人民法院；舟山市定海区人民法院；宁波市宁海县人民法院；台州市中级人民法院；丽水市中级人民法院…	〔2019〕浙03刑终1907号；〔2019〕浙0702刑初858号；〔2019〕浙0226刑初115号；〔2019〕浙0327刑初686号；〔2018〕浙07刑终1219号；〔2017〕浙0902刑初322号；〔2016〕浙10刑终555号；〔2015〕浙丽刑终字第125号…

同一法院不同裁判结果对比见表6-2。

---

① 皮勇，葛金芬. 网络游戏虚拟物数据本质之回归——兼论非法获取网络游戏虚拟物的行为认定 [J]. 科技与法律，2019（2）：28.
② 为便于读者查询，涉及法院排列顺序与案号排列顺序一致。同一法院相似结果的若干判例本书只做一次统计。

表6-2　　　　　　　　　　同一法院不同裁判结果对比

案号	裁判结果	主要案情
〔2015〕金婺刑初字第433号	盗窃罪	被告人偷看他人游戏账号密码，登录转卖将3 000万两游戏银子以2 640元的价值出售给他人
〔2017〕浙0702刑初726号	非法获取计算机信息系统数据罪	被告人用手机拍下他人账号密码，登录转卖20×××00万两游戏银子，获利20 392元

对已检索的裁判文书进行深入研读可知，不同法院在选择适用盗窃罪与非法获取计算机信息系统数据罪处理"盗窃游戏币"行为时，裁判说理针锋相对。在"林某军盗窃案"中，辩护人提出被告人盗窃的不是虚拟财产，只是游戏币，因此，被告人的行为应被认定构成非法获取计算机信息系统数据罪，而不是以保护财产利益为目的的盗窃罪。法官则认为被害单位所运营的游戏在省文化厅已经备案，且被害单位的营业范围包括利用网络经营游戏产品。在被害单位对外提供的游戏服务中，玩家想要获得游戏币并利用所获得的游戏币获得相对应的虚拟服务，需要向被害单位支付相应的对价费用。因此，游戏币是盗窃罪的侵犯客体，被告人的行为应构成盗窃罪，而不是非法获取计算机信息系统数据罪。①与之相反，"在张政等非法获取计算机信息系统数据案"中，辩护人则提出游戏币具有财产属性，不能因为游戏币同时属于电子数据便排除适用盗窃罪的可能性。法官则针锋相对地提出游戏货币只是网络游戏公司提供的虚拟服务而已，在规范意义上属于计算机信息系统数据。因此，被告人行为属于非法获取计算机信息系统数据罪。②

诚然，由于盗窃罪与非法获取计算机信息系统数据罪的第一档刑期均是三年以下，因此，适用本档法定刑时两罪差异不大。比如，"张政等非法获取计算机信息系统数据案"中，被告人将他人游戏账户中的游戏装备变卖了24 450元，法院认定构成盗窃罪，判处有期徒刑一年，并处罚金人民币四千元。③而"王泽勇等非法侵入计算机信息系统案"

---

① 浙江省杭州市拱墅区人民法院〔2020〕浙0105刑初61号刑事判决书。
② 浙江省金华市婺城区人民法院〔2019〕浙0702刑初696号刑事判决书。
③ 浙江省金华市婺城区人民法院〔2019〕浙0702刑初696号刑事判决书。

中，被告人利用木马程序非法获取他人游戏账号密码后，将他人游戏账户中的游戏装备变卖了 36 148 元，法院认定构成非法获取计算机信息系统数据罪，判处有期徒刑一年零八个月，并处罚金人民币四万元。①换言之，如若据案情判断涉案行为应在第一档法定刑范围内进行量刑，则两者适用其一，不会造成过多的争议。

然而，其他情形却并非如此。由于非法获取计算机信息系统数据罪最高量刑档次仅为三年到七年，而盗窃罪最高为无期徒刑，此时，适用两者其一，对被告人造成的影响差异明显。比如，"张某某等盗窃案"中，被告人利用木马程序盗取并变卖他人 VDS 虚拟币获利 720 000 元。法院认定被告人构成盗窃罪，判处有期徒刑十年六个月，并处罚金一万五千元。②而另外一起案情基本相同的案件——"黎某等非法获取计算机信息系统数据案"中，被告人利用黑客手段盗取并变卖他人"快捷币"虚拟币获利 7 537 783 元。法院认定被告人构成非法获取计算机信息系统数据罪，判处有期徒刑四年，并处罚金五十万元。③不难发现，在同样是利用木马程序等黑客技术手段盗取他人虚拟币，并予以出售获利的刑事案件中，后一案件的获利数额是前一案件中的 10 多倍，量刑方面（自由刑）却不足前一案件的一半。此种情形下，我们很难想象前一案件的被告人在知道后一案件的裁判结果时，如何才能心甘情愿地"服判"，如何才能体会到司法的公平正义。

对非法获取虚拟财产行为"类案不类判"，必将对司法公信力与裁判妥适性造成影响，应予以探究并解决该问题。本书认为造成上述问题的核心原因是部分司法机关未正确理解"游戏币"的刑法意义。事实上，作为"游戏币"载体的数据代码是非法获取计算机信息系统数据罪的适用对象，而"游戏币"本身的财产价值则是盗窃罪等财产犯罪罪名的保护对象。因此，任一非法获取游戏币等虚拟财产的行为均应同时构成数据安全犯罪与侵犯财产犯罪，属于想象竞合，应择一重处。对于想象竞合适用情况，应在裁判文书中予以明示。此外，本书认为非法获取

---

① 浙江省金华市婺城区人民法院〔2019〕浙 0702 刑初 858 号刑事判决书。
② 湖南省邵东县人民法院〔2019〕湘 0521 刑初 495 号刑事判决书。2019 年 7 月 12 日，经国务院批准，民政部批复同意撤销邵东县，设立县级邵东市。
③ 辽宁省阜新蒙古族自治县人民法院〔2019〕辽 0921 刑初 120 号刑事判决书。

虚拟财产行为属于类罪行为，而非单一犯罪行为，此类犯罪概念下还包含若干具体犯罪行为类型。对不同类型犯罪行为又可作出不同评价。比如，有论者将非法获取虚拟财产行为分为"非法获取游戏账户+转移虚拟财产""收购游戏账户+转移虚拟财产""雇员进入公司游戏系统+私自生成或复制虚拟财产""抢劫虚拟财产""单纯获取游戏账号及密码"五种类型。[①]此研究思路较为合理，但仍存在类型化不足问题，应继续予以细化。受类型化不足问题的影响，刑法学理论研究中对非法获取虚拟财产行为的定性认知存在以偏概全与评价不全的问题。

以"非法获取游戏账户+转移虚拟财产"的行为模式为例，实践与学理上的通说主张该行为应被认定构成非法获取计算机信息系统数据罪。我国学界[②]、司法判例[③]也有持此观点者。诚然，利用木马等程序非法获取他人游戏账号密码，以及非法转移游戏账号密码中的游戏装备、游戏币等虚拟财产的行为都可以被评价为日常语境中的"非法获取虚拟财产"，且不会引起异议。但是，日常语境中的"获取"与非法获取计算机信息系统数据罪中的"获取"含义并不相同。在日常语境中，"获取"是指"获得、取得控制或占有"，关注要点是控制权的转移，而非法获取计算机信息系统数据罪中的"获取"关注的要点是数据保密性，不论控制权是否转移，采用下载、复制、浏览等方式只要造成数据保密性法益受损便可评价为非法获取计算机信息系统数据罪中的"获取"。换言之，非法获取计算机信息系统数据罪中的获取行为是指使数据保密性丧失的行为。据此评析"非法获取游戏账户+转移虚拟财产"的行为，可以得出如下结论：

其一，对于非法获取游戏账户的行为，如果行为人是通过"违反国家规定，侵入或利用其他技术手段，获取他人游戏账户"，则其行为可能构成非法获取计算机信息系统数据罪。

其二，对于转移游戏装备、游戏币等虚拟财产的行为，以往多数说会将之评价为非法获取计算机信息系统数据行为。笔者反对该种理解，转移游戏装备、游戏金币等虚拟财产的行为侵犯的法益应该是数据的完

① 欧阳本祺. 论虚拟财产的刑法保护 [J]. 政治与法律，2019 (9)：50-55.
② 刘明祥. 窃取网络虚拟财产行为定性探究 [J]. 法学，2016 (1)：151.
③ 江苏省淮安市清浦区人民法院〔2014〕浦刑初字第 0187 号刑事判决书。

整性与可用性，而不是数据的保密性。针对游戏设备、游戏币等虚拟财产所实施的转移行为虽然会导致这些虚拟财产的"控制权"发生转移，但是并没有对作为这些虚拟财产技术性载体的数据保密性造成侵害。作为虚拟财产技术性载体的数据代码仍被存储于网络游戏公司的服务器中，只是其存储状态与代码内容发生了一定的变化，此种变化导致虚拟财产在虚拟世界中发生了所有权的转移。该种导致数据代码发生内容变化的行为应被评价为对计算机信息系统中存储的数据进行修改的行为，其破坏的法益是游戏账户合法所有人享有的数据可用性法益，以及游戏服务提供者享有的数据完整性法益。因此，作为目的地转移虚拟财产的行为被评价构成破坏计算机信息系统（数据）罪，而非非法获取计算机信息系统数据罪。

由上可知，可以把"非法获取游戏账户+转移虚拟财产"的行为分为手段行为与目的行为进行分别判断，利用技术手段获取游戏账户的行为应该被评价为非法获取计算机信息系统数据罪，属于手段行为，转移虚拟财产的行为应该被评价为破坏计算机信息系统（数据）罪，属于目的行为。手段行为与目的行为之间具有牵连关系，因此，应以属于重罪的破坏计算机信息系统（数据）罪对行为人进行定罪处罚。同时，根据本书的观点，行为人实施的利用技术手段获取游戏账户（没有对应密码），但却通过撞库等手段擅自对账号对应的密码进行批量修改的行为只要满足了破坏计算机信息系统（数据）罪后果严重的要求也应该被认定构成破坏计算机信息系统（数据）罪。因为非法修改游戏账户密码的行为实质上属于未经授权或超越授权修改了存储于网络游戏公司服务器中的数据，对用户享有的数据可用性法益造成损害，以及对网络游戏公司享有的数据完整性法益造成损害。既然非法修改游戏账户密码的行为侵犯的是数据的完整性、可用性法益，而不是数据保密性法益，那么，上述非法利用技术手段获取他人游戏账户，并对账户对应的密码进行修改的行为根据牵连犯的刑法学原理也理应以属于重罪的破坏计算机信息系统（数据）罪进行定罪处罚。

综上所述，对非法获取计算机信息系统数据罪之"获取"的解释须受到数据保密性的限制，"非法获取"是指非法改变了数据主体所设定的数据不被知悉的状态，进而非法取得本应保密的数据，侵犯了数据保密性法益。不能因非法获取虚拟财产与非法获取计算机信息系统数据罪中都有"获取"一词，便一律将非法获取虚拟财产的行为都认定构成非法获取计算机信息系统数据罪。

同时，笔者发现与本书主张以数据保密性为标准对非法获取计算机信息系统数据罪的获取进行限缩解释不同，有论者认为应在"获取"的日常用语基础上再对非法获取计算机信息系统数据罪的"获取"进行扩张解释。该论者举了两个例子：其一，仲某盗窃比特币案，案情为仲某非法获取登录权限并插入一段代码将他人 100 个比特币转移到自己的比特币钱包内。该情形下未复制、下载数据，但却使比特币的控制权发生了转移。其二，利用漏洞充值案，行为人获取数据的环节实质上是窃取数据并进行修改，计算机信息系统则根据被修改的错误数值进行计算并最终体现为充值账户中的一个数值。为了保证能以非法获取计算机信息系统数据罪对实施上述两类行为的行为人进行惩罚，其提出应该将非法获取计算机信息系统数据罪中的获取进行扩张解释，使"获取了与这个数值相对应的数据符号序列功能模块的控制调用权"的行为也理解为非法获取计算机信息系统数据罪的"获取"行为，进而更加有效发挥非法获取计算机信息系统数据罪对保护网络虚拟财产的积极作用。[①]

此观点值得商榷。在既有刑法罪名可以解决上述案例定性问题的情况下，根本没有必要"画蛇添足"，通过扩张解释的方法强行将符合甲罪的行为定性为乙罪。"仲某盗窃比特币案"中被告人的行为应被认定构成破坏计算机信息系统（数据）罪。仲某通过在服务器中原存储的数据基础上插入一段数据代码，使得数据合法权利人丧失对于数据的使用权限，此种行为侵犯的是数据可用性（可访问、可使用）以及完整性（不受随意篡改）的法益。从其列举案件内容看，即便仲某在此过程中利用非法权限浏览了被修改的数据，侵犯了数据保密性法益，但该行为仅是修改数据的手段行为，修改数据是目的的行为，依据牵连犯原理从一重处，综合全案应认定被告人构成属于重罪的破坏计算机信息系统（数

---

① 朱宣烨. 数据分层与侵犯网络虚拟财产犯罪研究［J］. 法学杂志，2020（6）：128.

据）罪，而不是非法获取计算机信息系统数据罪。

6.3 电商活动中打码撞库盗取账号密码行为的定性

全国首例打码撞库案的基本案情如下：叶某编写了"小黄伞"扫号软件，张某组织码工利用打码平台协助打码，并收取叶某给予的报酬。谭某购买验证码充值卡使用叶某编写的"小黄伞"扫号软件，并在张某协助下成功刷取2.2万余组淘宝账号予以出售谋利，违法所得3.7万余元。①《人民检察》杂志社曾组织多位刑法学专家针对涉案的"小黄伞"应用程序的性质、"提供""侵入"等行为的认定、"明知"的证明与推定、如何理解情节严重、关于案件的处理几个方面进行了深入讨论。然而，从相关讨论文字资料看，各位学者对该案的理解尚未达成一致，"小黄伞"案争议问题仍亟待进一步厘清。

其一，从《人民检察》杂志社组织的专家讨论结果看，对谭某使用"小黄伞"软件并非法获取淘宝软件账号密码的行为，学界与实务界观点较为一致均认为构成非法获取计算机信息系统数据罪一罪。然而，此观点并不全面。被告人谭某供述"'小黄伞'软件刷出的正确的文件格式中每条数据都包含邮箱地址、账号、密码、星级、注册时间、认证情况"。根据《公民个人信息犯罪解释》第1条可知，经由"小黄伞"软件刷出的数据可被认定为公民个人信息。本案中，法院认定谭某借助"小黄伞"软件共获取了2.2万余组数据，获利25万元，符合《公民个人信息犯罪解释》第5条与第6条的规定。因此，谭某之行为已经构成了侵犯公民个人信息罪的"情节特别严重"，应在3年到7年之法定刑幅度内量刑。此外，谭某通过撞库所获取的数据又可被评价为计算机信息系统数据，根据《计算机犯罪解释》第1条的规定，谭某的行为也构成了非法获取计算机信息系统数据罪的"情节特别严重"，应在3年到7年之法定刑幅度内量刑。

据此可知，谭某一个行为同时符合侵犯公民个人信息罪与非法获取

---

① 浙江省杭州市余杭区人民法院〔2017〕浙0110刑初664号刑事判决书。

计算机信息系统数据罪两个罪名的构成要件，属于想象竞合，应择一重处。然而，此情形下两罪的法定刑幅度与内容完全一致，此时难以通过比较法定刑的方式确定轻重。为解决此问题，有论者认为保护公共法益的非法获取计算机信息系统数据罪属于重罪，保护个人法益的侵犯公民个人信息罪属于轻罪，因此，应从一重适用前者。①如前文所言，本书对此持否定见解，并认为在"先比后定法"无法被适用时，应交由司法者在具体个案中结合《公民个人信息犯罪解释》与《计算机犯罪解释》的具体标准进行具体判断。关于该论者提出的以非法获取计算机信息系统数据罪定性更可全面反映法益侵害的特征这一立场，本书认为想象竞合理论所追求的并不是对涉案行为的全面评价，而是充分但不重复的评价。

其二，从《人民检察》杂志社组织的专家讨论结果看，学界与实务界对叶某、张某行为性质认定存在着较大争议。针对张某的行为性质，多数观点认为其构成叶某的共犯，应认定构成提供程序、工具罪。少数观点认为叶某等三人共同构成非法获取计算机信息系统数据罪的共同犯罪。针对叶某的行为性质，有论者认为叶某行为是一行为符合数个犯罪构成要件的情形，成立提供程序、工具罪与非法获取计算机信息系统数据罪的想象竞合，应从一重处。②与之相反，喻海松认为叶某行为仅构成提供程序、工具罪一罪。③杨志琼④、皮勇⑤等也持此观点。从案情看，2014年底，叶某编写了专门用于打淘宝网站验证码的小工具，即"小黄伞"程序具有突破系统防护与自动抓取数据的功能，当遇到需要输入验证码的情形时，"小黄伞"软件可自动抓取系统验证码并发送到其搭建的打码平台让码农手动输入验证码并回传到"小黄伞"软件，"小黄伞"软件再将验证码自动回填到需要填入验证码的区域进行账号密码验证。可见，"小黄伞"软件的唯一功能便是避开淘宝网站的安全保护措施，验证破解淘宝账号密码，同时抓取与被破解账号密码相关的

① 皮勇. 全国首例撞库打码案的法律适用分析 [J]. 中国检察官，2019 (6)：8-9.
② 庄永廉，阮方民，郭泽强，等. 撞库打码牟利行为如何定性 [J]. 人民检察，2018 (14)：46.
③ 喻海松. 网络犯罪二十讲 [M]. 北京：法律出版社，2018，47.
④ 杨志琼. 我国数据安全犯罪的司法困境与出路：以数据安全法益为中心 [J]. 环球法律评论，2019 (6)：167.
⑤ 皮勇. 全国首例撞库打码案的法律适用分析 [J]. 中国检察官，2019 (6)：8.

邮箱地址、星级、认证情况等数据，将"小黄伞"软件评价为专门的程序、工具应不存在疑问，因此，叶某的行为应认定为提供专门程序、工具罪。而在整个犯罪活动中，张某为叶某所对外提供的"小黄伞"软件的有效运行提供不可缺少的帮助作用，故而两人成立共同犯罪。

少数观点之所以主张叶某、张某共同构成明知而提供程序、工具型提供侵入计算机信息系统程序罪的共犯，理由如下：（1）打码平台虽可提供批量验证码识别服务，但不具有非法获取数据与控制系统的功能；（2）即便认为打码平台具有侵入计算机信息系统的功能，但在打码活动中对法益起到直接侵害作用的是"人的打码活动"，但码工不是计算机信息系统中的程序、工具。因此，不能将打码平台认定为专门程序、工具。①持该论者明显对打码平台在"小黄伞"案中的地位有所误解，法院判决叶某、张某构成提供程序罪的真正原因是叶某对外提供了具有侵入、非法控制计算机信息系统功能的"小黄伞"程序，而张某为叶某提供的打码服务维持了"小黄伞"软件的正常运行。因此，两人构成共同犯罪。从"小黄伞"软件的运行机理看，即便"小黄伞"软件脱离了打码平台，其也仅仅是丧失了对需要提供系统验证码淘宝账号密码数据进行非法获取的功能，而对不需要系统验证码的账号密码数据进行非法获取的功能并没有受到影响，即"小黄伞"软件即便脱离了打码平台，本身的性质并未发生改变，只是功能实现受到部分影响。可见，"小黄伞"软件与打码平台之间并不是绝对依存的关系，不能以打码平台需要"人的打码行为"便借此否认将本案认定为提供专门程序、工具罪的合理性。

对于张某明知叶某利用信息网络实施犯罪活动还为之提供帮助的行为，也不应视而不理，不作出任何评价。根据本案中张某的陈述，可知其在2014年12月与叶某的聊天中便知道其从事的扫号业务与淘宝网有关。张某在2015年2月明确知道叶某所做的扫号软件针对的便是淘宝程序，但其仅关注打码的数量，并不关心叶某打码的具体用途等。此一陈述证明张某在明知叶某利用信息网络实施犯罪行为还为其提供技术支

① 蒋筱悦. 打码平台的规制——以国内首例"打码撞库"案为分析样本 [J]. 人民检察，2018（19）：33.

持，并成为叶某的独家代理组织他人实施打码活动，可以认定构成帮助信息网络犯罪活动罪。换言之，张某对叶某的帮助行为同时构成了提供侵入计算机信息系统程序罪的共同犯罪与帮助信息网络犯罪活动罪，两相比较，前者法定刑较重，因此，最终对张某只需要依照提供侵入计算机信息系统程序罪进行定性即可。

6.4 使用抓包工具抓取并修改账户余额行为的定性

Fiddler软件是http抓包工具之一，作为http协议调试代理工具，能够记录所有客户端与服务器端的http和https请求，监听系统的http网络数据流动，设置断点，修改输入输出数据。在使用Fiddler软件的情形下，客户端的所有请求都要先经过Fiddler，再发送到相应的网络服务器。与之相同，网络服务器的所有响应都会经过Flidder发送到客户端。因此，利用Fiddler软件可以抓取并修改网络服务器与用户端的往来数据。实践中，使用Fiddler软件实施的危害数据安全犯罪行为之目的多样。其中，较为典型的是利用Fiddler软件抓取数据修改账户余额的行为。在"威科先行数据库"中，以"Fiddler"为关键词进行检索后，可以发现司法实务在认定使用Fiddler软件抓取数据并修改手机话费等账户余额的行为时，存在如下分歧：

（1）盗窃罪。在"沈某等盗窃案"中，"被告人沈某于2016年4月12日18时左右登录北京蓝标畅联科技有限公司的手机充值界面，利用'Fiddler'软件进行相关操作，以每笔0.01元的支付金额为自己和他人充值话费26次，每次充值金额均为500元，造成北京蓝标畅联科技有限公司损失共计13 000元"。后续又在掌钱电子商务App为自己充值话费、游戏点卡、腾讯Q币等，造成该电子商务公司损失共计13 899.5元。法院判定该被告人构成盗窃罪。①

（2）破坏计算机信息系统（数据）罪。"2018年7月至9月，被告人张某某组织林某某、黄某某（已判刑）等人通过架设阿里云服务器和

---

① 湖南省长沙市芙蓉区人民法院〔2018〕湘0102刑初817号刑事判决书。

fiddler抓包软件的方式，抓取和替换游戏玩家的支付代码，更换支付对象，并使用 VPN+FD 方式进行游戏充值，违法所得达 70 余万元"。①法院判定被告人构成破坏计算机信息系统罪，属于违反国家规定，对计算机信息系统中传输的数据和应用程序进行修改的犯罪行为。

（3）非法获取计算机信息系统数据罪。在"邵某非法获取计算机信息系统数据案"中，被告人赖某告知邵某可利用 FD（Fiddler）软件非法获取马潭易购公司数据库向第三方支付接口发出的支付指令，通过修改充值支付指令中的付款金额数据，从而以支付较低价款的形式，取得被害单位财物。两人约定用该方法为他人充值话费，并按充值手机话费的 7 折至 8 折收取钱款，且被告人邵某承诺将其获利的一半分给被告人赖某。法院最终判定本案中被告人邵某构成非法获取计算机信息系统数据罪。②

此外，令笔者最为疑惑的是，某法院同一审判员针对几乎相同的案件给出完全相反的判决结论。在"何某某破坏计算机信息系统案"中，"被告人何某某利用北京××科技有限公司用于话费充值的 App 客户端存在的系统漏洞，在客户端选择商品下单后，通过 Fiddler 软件在付款时拦截、中断数据，继而修改价格，在北京××科技有限公司经营话费、流量 App 交易平台，以实际支付人民币 0.01 元/笔的价格购得该平台人民币 500 元的话费商品"。何某某被判构成破坏计算机信息系统罪。③而在"韩某某破坏计算机信息系统案"中，"韩某某利用××有限公司用于话费、流量充值的客户端存在的系统漏洞，在该客户端选择商品下单后，通过使用 Fiddler 软件在付款时拦截、修改数据，继而修改商品交易价格，后使用账号为××@qq.com 的支付宝，以每笔实际支付人民币 0.01 元 的价格购得该平台人民币 500 元的话费商品"。韩某某却被判构成盗窃罪。④此种类案不类判现象并不正常，应予以消除。

须注意，除通过使用 Fiddler 软件抓取修改数据以实现账户余额非法增加目的外，犯罪分子还常使用 Fiddler 软件抓取并修改数据以减少

---

① 上海市松江区人民法院〔2022〕沪 0117 刑初 613 号刑事判决书。
② 江苏省南通市通州区人民法院〔2016〕苏 0612 刑初 838 号刑事判决书。
③ 江苏省新沂市人民法院〔2018〕苏 0381 刑初 174 号刑事判决书。
④ 江苏省新沂市人民法院〔2018〕苏 0381 刑初 336 号刑事判决书。

账户付款额的方式购买网上商城出售的真实商品。对此行为也存在着三种不同的定性观点：

（1）诈骗罪。"高某某诈骗案"中，"被告人高某某从网上购买教程后，利用浙江乐租信息科技有限公司的'乐租'App存在的漏洞，以虚假信息注册下单，并以'Fiddler'软件修改租赁价格，以0.1元的价格从该公司骗取了苹果派iPhone7Plus型手机1部。经鉴定，该手机价值人民币7 180元"。法院认定被告人构成诈骗罪。①

（2）盗窃罪。在"甘某盗窃案"中，"被告人甘某在手机App'获德商城'（由深圳沃尔沃生物科技有限公司上海分公司运营）中下单购买商品的过程中，使用'Fiddler'软件，通过抓取商品价格数据后修改交易数据的方式，实际支付人民币0.03元，非法获得价值共计人民币7 001元的财物"。法院认定被告人构成盗窃罪。②

（3）非法获取计算机信息系统数据罪。"邵某某非法获取计算机信息系统数据案"中，"被告人邵某某利用被害单位浪莎控股集团有限公司（以下简称浪莎公司，住所地浙江省义乌市）经营的名为'浪莎集团'的微信服务商城支付系统漏洞，多次在商城中订购商品，下单后使用FD软件拦截获取并修改'浪莎集团'发出的支付指令，使得订单状态从'待支付'变成'已支付'，从而在未支付任何钱款的情况下，取得'浪莎集团'发来的苹果手机7部、华为手机2部、戒指1枚、枕头1只、丝袜2条等物（共计价值人民币46 566元）"。法院认定被告人构成非法获取计算机信息系统数据罪。③可见，对于相同的利用Fiddler软件实施数据安全犯罪的行为在司法实践中存在较大的定性分歧，而此种定性分歧的存在也必将影响到数据安全犯罪相关的裁判文书的妥适性，在刑法教义学研究中应认真思考如何才能消除数据安全犯罪领域存在的同案不同判的司法适用问题。

对此类行为，本书认为正确的处理方式是将其拆分为数据安全犯罪内部争议和数据安全犯罪与财产犯罪外部争议两个部分进行判断。第一部分判断的内容是涉案行为究竟构成非法获取计算机信息系统数据罪，

---

① 浙江省杭州市滨江区人民法院〔2017〕浙0108刑初267号刑事判决书。
② 上海市徐汇区人民法院〔2018〕沪0104刑初906号刑事判决书。
③ 江苏省南通市通州区人民法院〔2016〕苏0612刑初838号刑事判决书。

还是破坏计算机信息系统（数据）罪？由于使用 Fiddler 软件修改数据的前提是对计算机信息系统中存储、处理或者传输的数据进行非法获取，因此，一个完整的使用 Fiddler 软件抓取并修改数据的行为可被拆分为两个实行行为，即非法获取计算机信息系统数据行为与删改增计算机信息系统数据行为。其中，非法获取计算机信息系统数据的行为是删改增等破坏计算机信息系统数据行为的必经阶段，属于手段与结果的关系。因此，符合牵连犯罪数原理，应按照从一重处的原则进行处理。《刑法》第285条第2款规定非法获取计算机信息系统数据罪的法定刑分为情节严重与情节特别严重两档。其中，"情节严重，处三年以下有期徒刑或者拘役，并处或者单处罚金；情节特别严重的，处三年以上七年以下有期徒刑，并处罚金"。第286条规定破坏计算机信息系统罪的法定刑分为后果严重与后果特别严重两档。其中，"后果严重的，处五年以下有期徒刑或者拘役；后果特别严重的，处五年以上有期徒刑"。因此，与非法获取计算机信息系统数据罪相比，破坏计算机信息系统罪属于重罪。因而，在类似案件中，首先应明确数据安全犯罪领域应适用破坏计算机信息（数据）系统罪，而不是非法获取计算机信息系统数据罪。

第二部分是在破坏计算机信息系统（数据）罪与侵犯财产罪之间进行判断。由于 Fiddler 软件属于技术工具，对数据安全的侵犯最终目的是实现积极增加财产与消极减少支出，同时也构成盗窃罪等财产犯罪。虽然从形式层面看，数据安全犯罪行为是财产犯罪目的之手段行为，两者具有一定的手段与目的关系。但由于使用 Fiddler 软件抓取并修改数据的案件中仅存在一个实行行为，不符合牵连犯所要求的应存在手段与目的等两个犯罪行为基本原理，不能以牵连犯原理处理之，而是应认定涉案行为在一个犯罪目的支配下同时侵犯数据安全法益与财产法益，构成数据安全犯罪与财产犯罪，属于想象竞合关系，应从一重处。[①]结合第一部分所做判断，涉案行为触犯的数据安全犯罪包括非法获取计算机信息系统数据罪与破坏计算机信息系统罪，根据牵连犯原理应按破坏计

---

① 丁鹏，李勇. 利用 FD 抓取并修改充值数据获利如何定性［N］. 检察日报，2019-11-05（3）.

算机信息系统罪论处。对于触犯财产犯罪方面的罪名，应以是否具有欺骗行为等因素区分认定究竟构成盗窃罪，抑或者是诈骗罪。根据《刑法》规定，普通盗窃罪有三档法定刑，分别是"处三年以下有期徒刑、拘役或者管制，并处或者单处罚金；数额巨大或者有其他严重情节的，处三年以上十年以下有期徒刑，并处罚金；数额特别巨大或者有其他特别严重情节的，处十年以上有期徒刑或者无期徒刑，并处罚金或者没收财产"。诈骗罪也是三档法定刑，"数额较大的，处三年以下有期徒刑、拘役或者管制，并处或者单处罚金；数额巨大或者有其他严重情节的，处三年以上十年以下有期徒刑，并处罚金；数额特别巨大或者有其他特别严重情节的，处十年以上有期徒刑或者无期徒刑，并处罚金或者没收财产"。不难发现，与破坏计算机信息系统罪相比，盗窃罪与诈骗罪的法定刑更重。因此，在司法适用过程中应区分盗窃罪或诈骗罪进行定罪处罚。

7 数字经济时代破坏型数据安全犯罪行为的刑法规制

7.1 破坏计算机信息系统（数据）罪的规范释义

7.1.1 行为对象

与非法获取计算机信息系统数据罪不同，对破坏计算机信息系统（数据）罪中"计算机信息系统数据"的解释争议可被归纳为平义论与限缩论。

其一，平义论。平义论，即指依据立法条文之字面含义对破坏计算机信息系统（数据）罪中之计算机信息系统数据进行解释。因为《刑法》第286条第2款在立法表述时没有对计算机信息系统数据作出文义限缩，同时，也没有要求本款与第1款、第3款一样必须对计算机信息系统的正常运行造成不利影响。[①]因此，对本款中的"计算机信息系统

---

① 胡春健，孙伟. 破坏计算机信息系统罪的规范分析 [J]. 中国检察官，2019（7）：43.

数据"作平义解释后可知，本款中的"计算机信息系统数据"不必与计算机信息系统运行相关，只需要是在计算机信息系统中存储、处理或者传输的数据即可。另外，由于第286条第2款与第285条第2款相比，并没有将三大重点领域的计算机信息系统数据排除在保护范围外，因此第286条第2款所保护的计算机信息系统数据应该是指一切在计算机信息系统中存储、处理或者传输的数据。

其二，限缩论。限缩论，即指解释破坏计算机信息系统（数据）罪中的计算机信息系统数据时应将之与计算机信息系统功能直接关联，只有那些被删除、修改或者增加后能够影响到计算机信息系统运行的数据才是本罪的保护对象。经过对限缩论者观点的类型分析可知，限缩论者的逻辑如下：破坏计算机信息系统罪在刑事司法适用中异化为口袋罪，而这一异化的源头是司法实践中泛化解释了《刑法》第286条第2款中的计算机信息系统数据。因而，为避免破坏计算机信息系统罪在司法实践中继续呈现适用泛化的情况，减少破坏计算机信息系统罪对其他罪名适用范围的不当侵蚀，有必要对第286条第2款保护的数据进行适度限缩解释，以实现对破坏计算机信息系统罪进行去口袋化的规范效用。

基于破坏计算机信息系统罪已经成为口袋罪这一论断，周立波、俞小海等都提出了要对破坏计算机信息系统罪进行限缩性解释或者限缩性修改的立场。周立波认为既要在立法上完善破坏计算机信息系统（数据）罪的构成要件，又要在司法上限缩解释计算机信息系统数据，将第286条第2款的后果严重理解为"造成计算机信息系统不能正常运行"，并且只有系统数据才是本罪的保护对象。[①]与之略微不同，俞小海尽管也主张限缩解释破坏计算机信息系统罪中的数据，但是却反对形式化地分为系统数据与非系统数据，而是主张采用实质化的分类标准将数据分为核心数据与非核心数据，只有对计算机信系统安全造成影响的核心数据才是本罪的保护对象。"唯此，才能为破坏计算机信息系统罪划定合理边界，实现刑事处罚的准确性"。[②]

---

① 周立波. 破坏计算机信息系统罪司法实践分析与刑法规范调适——基于100个司法判例的实证考察 [J]. 法治研究，2018（4）：67.

② 俞小海. 破坏计算机信息系统罪之司法实践分析与规范含义重构 [J]. 交大法学，2015（3）：151.

综上所述，平义论与限缩论之争并不是简单地如何解释破坏计算机信息系统（数据）罪中所保护的"计算机信息系统中存储、处理或者传输的数据"的范围问题，更深层次的问题是应如何理解《刑法》第286条第2款中的后果严重与第1款、第3款间后果严重的关系。对后一问题的解读将直接影响到对本款中数据的解释。平义论多主张依照本罪写明的罪状进行文义解释，既然立法者并未明确规定第286条第2款之后果严重须达到造成计算机信息系统不能正常运行的程度，那么就说明构成本罪并不需要达到该种程度，进而也就不需要本罪中的数据与计算机信息系统功能有直接、必然的关联。限缩论则多主张从目的解释、体系解释以及维护国民预测可能性等角度入手解释第286条3款中的后果严重，主张第286条第2款中的后果严重也应该解释为"造成计算机信息系统不能正常运行，后果严重"。因此，如果对数据进行删改增的行为并没有造成计算机信息系统不能正常运行，不会构成本罪，否则将会造成该罪"口袋化"问题的加剧。①本书认为上述争议清晰地为后续对于第286条第2款中数据之研究指明了道路，即应注意分析第286条中三个后果严重之间的关系。

破坏计算机信息系统（数据）罪平义论主张本款中计算机信息系统数据即为所有类型的数据，与计算机信息系统运行安全，或者说计算机信息系统功能安全无关。对此，本书虽然支持平义论主张的破坏计算机信息系统（数据）罪保护的数据为所有类型的数据这一立场，但是并不支持平义论主张的破坏计算机信息系统（数据）罪所保护的数据与计算机信息系统运行或计算机信息系统功能完全无关的立场。因为通过对前置法的分析，可以得出计算机信息系统安全包含实体安全、环境安全、运行安全与信息安全四项主要内容，运行安全包含数据安全、功能安全等主要内容的结论。在这种安全分级的体系下，只要是针对数据实施的违法犯罪行为必然侵犯到了计算机信息系统的运行安全。数据安全虽与功能安全都是运行安全的同级次级法益，但两者之间却并非完全割裂、毫无关系的，可以从两个方面解释两者间的关系：删除、修改与增加的

① 周立波. 破坏计算机信息系统罪司法实践分析与刑法规范调适——基于100个司法判例的实证考察 [J]. 法治研究，2018（4）：73-74.

是影响计算机信息系统功能的数据，将可能造成计算机信息系统功能的损坏；尽管删除、修改或者增加的是与计算机信息系统的功能没有任何关系的数据，但要实现对之进行删改增的目的还是要违法调用计算机信息系统的自动处理数据功能。

上述解释应是对待第 286 条第 1 款与第 2 款解释的正确逻辑，1997年《刑法》将删除、修改、增加、干扰计算机信息系统功能的行为与删除、修改、增加计算机信息系统数据的行为进行分设，并设定了不同入罪标准的原因也为此。贯彻上述解释思路，可以对第 286 条第 1 款与第2 款之间的关系作如下解读：

（1）删除、修改或增加的数据与计算机信息系统功能无关，则即便在破坏的过程中会对计算机信息系统进行非法操作，影响计算机信息系统运行安全，但该行为实质上只是对计算机信息系统自动处理数据功能的违规调用，计算机信息系统运行功能安全并未受到影响，受到损坏的只是与计算机信息系统功能同属于计算机信息系统运行安全次级法益的计算机信息系统数据安全，因此，只能以第 286 条第 2 款进行定罪量刑；

（2）删除、修改或者增加的是与计算机信息系统功能存在关联的数据，行为本质上也可被评价为刑法规范意义上的对计算机信息系统功能的破坏，但由于我国刑法所采取的"定性+定量"入罪模式，如果不满足第 286 条第 2 款后果严重的要求，但满足了第 286 条第 1 款后果严重的要求，则以第 286 条第 1 款进行定罪量刑；如果该种破坏没有达到第286 条第 1 款后果严重的程度，但达到了第 286 条第 2 款后果严重的程度，则应适用第 286 条第 2 款进行定罪量刑；如果破坏行为同时满足了第 286 条第 1 款与第 286 条第 2 款的定量要件的要求，可以同时适用第286 条第 1 款与第 286 条第 2 款，在法定刑幅度内进行从重处罚。

同理，为实现对数据保密性法益的全面保护，理应将一切类型的数据都纳入非法获取计算机信息系统数据罪的保护范围内，而不应刻意区分数据是否具有可识别性、创新性、财产性并进而将之驱逐在本罪保护范围外。甚至，为了实现对数据保密性法益的全面保护，以及实现数据保密性、完整性与可用性的协调保护，笔者建议可以在将来刑法修改时把套在非法获取计算机信息系统数据罪上的"适用范围枷锁"去除，以将大数据时代全部数据的保密性、可用性与完整性均纳入刑法的保护范围内,并将数据安全真正作为一项刑法法益,围绕数据安全法益重新编排刑法罪名、刑罚轻重等内容,实现对数据载体、数据本身、数据内容的体系化保护。《刑法》第286条第1款与第2款关系示意图如图7-1所示。

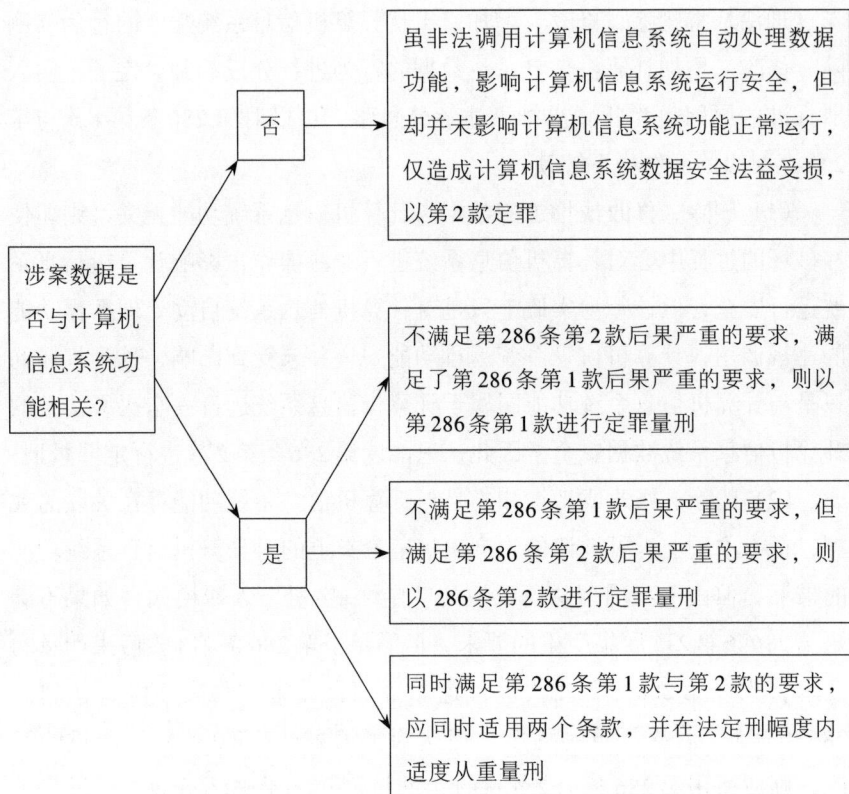

图7-1 《刑法》第286条第1款与第2款关系示意图

或许,有学者会认为笔者所提出的刑法中保护的数据即为一切类型的数据这一结论并不符合刑法谦抑性理念的现实要求,但是笔者不能赞同此种观点。刑法谦抑性并不是指刑罚的处罚范围越窄越好,[①]而是"实质上是强调刑法因应社会情势、合理而有效地组织对犯罪的反应"。[②]在网络犯罪领域,不能以放弃对数据安全的法益保护为代价实

---

① 张明楷. 网络时代的刑法理念——以刑法的谦抑性为中心 [J]. 人民检察, 2014 (9): 6.
② 付立庆. 论积极主义刑法观 [J]. 政法论坛, 2019, 37 (1): 99-111.

现所谓的刑法谦抑。本书认为为充分发挥数据安全犯罪罪名在计算机犯罪中的基础性罪名作用，消除刑法学者们提出数据安全犯罪罪名过重以至于影响和侵蚀其他犯罪罪名适用范围的问题，防止因非法获取计算机信息系统数据罪与破坏计算机信息系统（数据）罪的法定刑过重，入罪门槛过低等原因给数字经济产业的发展带来过于沉重的负担，未来在合适的时机进行修法时可以严格数据安全犯罪的定性要件，提高数据安全犯罪的定量要件，调低数据安全犯罪的法定刑，以追求对数据安全犯罪刑法惩治的"严而不厉"，而非"厉而不严"。

7.1.2 "删除、修改与增加"行为

法益具有指导解释刑法分则构成要件的功能，数据的完整性与可用性法益可被运用于解释破坏计算机信息系统（数据）罪行为手段。目前，对于如何理解我国刑法中的"破坏型犯罪"，一些学者提出想要成立此类犯罪，行为必须达到影响事物的正常使用或者正常运行的程度。[①]具体到破坏计算机信息系统（数据）罪的解释场域，即是指行为都要达到使数据丧失正常功效，影响数据的正常使用或运行的程度。

根据这种观点，"行为是否会使数据陷入丧失正常使用功效的不良境地"便成为判断行为是否构成破坏计算机信息系统（数据）罪的标准。在杨志琼看来，只是增强数据功能或者应用程序的数据删改增的行为并不具有犯罪性，其以"数据精灵"等微信外挂软件为例提出，这些软件的运行看似符合增加数据的要件，但是相关数据增加行为并没有影响到微信的功能，也没有使微信不能正常使用，反而是对微信功能的功能加强，因此，不应该将制售"数据精灵"等微信外挂的行为作为犯罪行为进行处理。[②]

该观点存在如下三点可商榷之处：其一，在判断破坏计算机信息系统（数据）罪的罪与非罪时只关注数据可用性法益，忽视数据完整性法益的独立价值并不合理。前文观点实际上暗含着如下司法逻辑："对数

---

① 蒋晋，聂立泽，徐松林，等. 开发外挂软件营利行为如何定性 [J]. 人民检察，2017（16）：43.

② 杨志琼. 我国数据犯罪的司法困境与出路：以数据安全法益为中心 [J]. 环球法律评论，2019（6）：164.

据完整性法益的破坏须达到使数据丧失正常使用效用的程度，如若未达到该种程度便应该排除相关行为入罪的可能性。"因此，实践中出现的具有增强数据使用效用的行为与减损数据使用效用但未达到丧失正常使用程度的行为都会被排除在本罪规制范围外。可见，在该种理解下，数据完整性法益受侵害程度的判断并不重要，重要的是对非法删改增数据是否达到使数据完全丧失了可用性的程度。然而，此种理解与刑事立法的精神、司法解释的立场、司法实践的需求均不相符。从《刑法》第286条第2款的字面意思来看，立法者并没有将本条款的后果严重限缩为使被删除、修改或者增加的数据丧失可用性。此外，根据《计算机犯罪解释》第4条规定可知，对计算机信息系统数据进行删改增操作不需要使数据可用性功效完全丧失，只需要达到台数要求、违法所得或经济损失要求，或者其他严重后果就可以进行入罪处理。再者，将司法打击的目标限缩为数据可用性完全丧失的情形会严重削弱本罪的规范价值，因为不以数据可用性完全丧失为目标实施的侵犯数据完整性，进而导致数据可用性部分丧失的犯罪行为在实践中比比皆是，这部分犯罪行为理应受到刑罚的制裁。

其二，站在用户视角进行罪与非罪的判断存在视角错位的问题。前文提到杨志琼、徐松林等认为"微信精灵"等微信外挂软件属于增强微信功能的软件，并未破坏微信功能，不能被评价为刑法中的"破坏"。如果沿着杨志琼、徐松林等所支持的用户视角来判断外挂软件类案件的罪与非罪，将得出如下结论：只要外挂软件没有超越外挂程序的功能介绍范围实施其他的违法犯罪行为，用户的下载安装并自愿受害的允诺将阻却针对用户法益造成的损害行为的刑事违法性。同时，由于所有的外挂软件都会起到增强用户数据使用功能的作用，且外挂软件的运营都需要依附于官方软件，除非出现了不可控制的系统漏洞否则外挂软件的运行目的并不在于影响正版程序的正常运行，而是期望在维持正版软件移动终端程序正常运行的同时，调整运行过程中的部分参数以提高用户对正版软件的使用体验。因为如果对外挂软件的使用者而言没有任何操作体验的提升，其也就不可能冒着被封号的风险下载并使用外挂软件。如此一来，从用户视角出发判断外挂软件类案件的罪与非罪将得出基本所有的制作、提供与使用外挂软件的行为都不应该被进行入罪处理的判断结论。换言之，微信外挂软件使用者在使用微信外挂软件时已经同意了外挂软件调用其手机或电脑等计算机信息系统的自动数据处理功能，及其中存储、处理或者传输的数据。因此，即便用户使用外挂的行为给计算机信息系统功能法益、数据安全法益等造成了侵害，还是会由于被害人有效承诺的存在而对行为违法性产生阻却作用。也就是说，只要用户使用微信外挂软件提供的服务时没有超出外挂软件功能的介绍范围，相对于用户一方而言被害人承诺即已经成为有效的阻却违法性的事由。

然而，本书认为外挂软件类案件的考察重点不在于关注用户所使用的移动客户端数据是否完全丧失，完整性是否受到侵犯，也不在于微信移动客户端功能安全是否受到侵犯，而是在于制作、提供与使用外挂软件的行为会给正版软件服务提供者所享有的刑法法益造成何种侵害。以微信外挂软件为例，"微信计算机系统采取了必要的安全防护机制，微信用户在微信计算机信息系统的数据交互需要安全验证以及合法授权，腾讯公司未在微信客户端提供任何第三方 API 接口，也未授权任何第三方程序对微信客户端进行侵入、破坏"。①可见，微信计算机信息系统正常运行的基础在于接入网络，以及微信手机或电脑客户端程序与腾讯公司微信运营服务器之间的数据能够正常交互传输。因此，微信外挂并不是在完全闭环的、不与外界进行数据交互的用户手机或者电脑客户端中使用。这种情况下，虽然用户对微信外挂调用其手机或电脑等计算机信息系统的自动处理数据功能及其中存储、处理或者传输数据的行为作出明确承诺进而阻却了对用户法益造成侵害之行为的违法性，但是用户的承诺却不能够成为微信外挂对微信客户端与微信运营服务器之间传输的数据进行非法删除、修改或者增加行为的刑事违法性阻却事由，更不能排除微信外挂对微信运营服务器中存储、处理或者传输数据进行非法删除、修改或者增加行为的刑事违法性阻却事由。

其三，上述观点误读了破坏计算机信息系统（数据）罪与数据的完整性与可用性之间的关系。上述观点将行为是否会造成数据可用性的完

---

① 福建省龙岩市中级人民法院〔2019〕闽 08 刑终 119 号刑事判决书。

全丧失作为行为是否会构成破坏计算机信息系统（数据）罪的标准，然而，通过本书的分析可知，破坏计算机信息系统（数据）罪的保护法益不仅包括数据可用性，而且包括数据完整性。其中，数据完整性是指未经合法授权不得擅自改变数据特性，擅自对数据进行删除、修改或者增加等破坏性操作，以保证数据在被存储、处理或者传输的过程中保持不被修改、不被破坏与不被丢失的特性，进而确保数据处于完整与未受损的状态。数据完整性法益要求具体个案的裁判者关注被告人是否实施了"无权或越权删除、修改与增加数据"的行为。数据可用性的核心内涵是数据资源能够被合法用户或者实体随时访问，确保数据可用性的需求：（1）确保数据相关的所有硬件均可用；（2）确保装载数据的载体和用于访问数据的信息系统遭受偶尔的软硬件故障或恶意攻击时依然能够提供数据访问服务。[1]数据可用性法益要求具体个案的裁判者关注被告人实施的行为是否会影响合法权利人对数据的随时存取与访问。[2]由于对数据完整性的破坏行为将在一定程度上对数据可用性造成影响，因此，立法上常将两者放在一起进行保护。

从上文可知，破坏计算机信息系统（数据）罪所调整的行为应包括两种类型：一种是行为人通过对数据完整性的破坏对数据可用性造成了部分损害，但却并没有使数据丧失可用性的情形；另一种是行为人通过对数据完整性的破坏对数据可用性造成了完全损害，使数据丧失可用性的情形。前文中提到的杨志琼、徐松林等对刑法中"破坏型犯罪"的理解，实际上仅指向数据可用性完全丧失这一种情形，并没有意识到对数据完整性法益造成部分侵害并导致数据可用性法益部分受损的情况下，在台数、违法所得以及经济损失等达到后果严重的程度时依然以破坏计算机信息系统罪进行定罪处罚。

综上所述，笔者的意见是处理此类涉及计算机软件的案件时，应明确应用程序的运行原理，结合应用程序运行原理与法教义学的基础知识，具体判断涉案行为的罪与罚。其实，只要认真分析了微信外挂软件的运行技术机理就会发现所谓的"对微信软件功能未造成影响"等说理

---

① 高能. 信息安全技术 [M]. 北京：中国人民公安大学，2007：109.
② 李永忠. 物联网信息安全 [M]. 西安：西安电子科技大学出版社，2016：282.

并不合理。因为之所以在用户使用的移动客户端上微信软件未崩溃，是因为深圳腾讯公司投入了大量的人力与财力资源去清理、打击微信外挂软件制售行为，应对微信外挂软件对正版微信软件的冲击，因此，没有造成微信软件运行的崩溃不能成为涉微信外挂类犯罪行为的出罪理由。同时，对"破坏计算机信息系统（数据）罪"中的"删除、修改或者增加"的判断不能以"数据使用效用完全灭失"为标准，要认识到数据完整性与可用性之间的联动关系，对数据完整性的侵犯必将影响数据可用性，对数据可用性的损坏又可被分为部分受损与全部受损两种情形。无论是造成数据完整性与可用性法益的部分受损，还是全部受损的行为都可能构成破坏计算机信息系统罪（一般应适用第2款，如果造成了计算机信息系统不能正常运行，可同时适用第1款与第2款，并适度在法定刑幅度内进行从重处理）。

7.1.3　后果严重

针对如何解释破坏计算机信息系统（数据）罪中的后果严重，学界与实务界歧见频出，主要有如下几种观点：

其一，构成破坏计算机信息系统（数据）罪须同时满足对数据与应用程序的破坏达到后果严重的程度。在"张某某非法获取计算机信息系统数据案"中，法院裁判认定行为人只有同时实施删改增数据与应用程序的非法行为，在具体的现实案件中才可能会出现计算机信息系统运行受到影响的严重后果。如果只是单纯的调整、修改数据，计算机信息系统本身不会受到影响，就不能构成本罪。[1]学理上，周光权也明确表示本种立场，其提出破坏计算机信息系统的对象具有"复合性"，即行为人必须同时具有对计算机信息系统中存储、处理或者传输的数据和"应用程序"进行删除、修改、增加的操作，才可能构成本罪。这意味着，单纯删除、修改、增加数据并不能构成本罪，而必须同时针对应用程序进行破坏，行为才具有犯罪性。[2]

其二，破坏计算机信息系统数据不用达到对计算机信息系统功能造

---

① 福建省厦门市中级人民法院〔2019〕闽02刑终41号刑事判决书。
② 周光权. 刑法软性解释的限制与增设妨害业务罪［J］. 中外法学，2019，31（4）：960.

成破坏的程度便可构成破坏计算机信息系统（数据）罪。在"柏某某破坏计算机信息系统案"中，针对辩护人提出的"被告人柏某某付费购买用于网吧日常经营管理，任网游也没有表明对系统进行了破坏"之抗辩，法院判定"任子行网络技术有限公司作出的说明，被告人柏某某添加外挂软件，使未带身份证的成年人以及未成年人也可以上网，虽对计算机系统的功能未造成破坏，但生成了大量虚假数据，该虚假数据传输到公安机关实名监管系统，影响了数据采集的真实性，破坏了公安机关的实名监管"。进而以违反《刑法》第286条第2款为由判处被告人破坏计算机信息系统罪。①从该裁判说理看，破坏计算机信息系统（数据）罪的适用并不需要达到对计算机系统功能造成破坏的程度。学理上，喻海松等持本种立场。②

其三，破坏计算机信息系统数据须达到对计算机信息系统功能造成破坏的程度才能构成破坏计算机信息系统（数据）罪。在"李某非法侵入计算机信息系统案"中，法官认为从体系解释和目的解释的角度来说，破坏计算机信息系统（数据）罪虽在刑法条文上没有写明该行为必须符合造成或影响计算机系统不能正常运行之要件，但这一个构成要件是破坏计算机信息系统（数据）罪的文中之义，不作此种解释将违背刑法罪责刑相一致的基本原则。且同一法条内的各款罪状，或由轻到重或由重到轻排列，该条第2款也应当要求造成或影响计算机系统不能正常运行。③学理上，周立波等持本种立场。④

本书认为对破坏计算机信息系统（数据）罪中"数据和应用程序"的正确解释应为"和"前与"和"后均为立法保护的对象，侵犯"和"前或"和"后的保护对象达到后果严重的程度均可成立本罪，而非只能同时侵犯"和"前与"和"后两个对象均达到后果严重才可成立本罪。

---

① 四川省江安县人民法院〔2019〕川1523刑初156号刑事判决书；类似的不要求"对计算机信息系统功能造成破坏"的案例还有湖北省宜昌市西陵区人民法院〔2019〕鄂0502刑初264号刑事判决书、贵州省瓮安县人民法院〔2019〕黔2725刑初168号刑事判决书；广东省惠州市惠阳区人民法院〔2011〕惠阳法刑一初字第27号刑事判决书；山东省临沂市兰山区人民法院〔2015〕临兰刑初字第1126号刑事判决书等。本种观点属于多数意见。
② 喻海松.《关于办理危害计算机信息系统安全刑事案件应用法律若干问题的解释》的理解与适用［J］. 人民司法，2019（19）：25.
③ 上海市徐汇区人民法院〔2019〕沪0104刑初927号刑事判决书。
④ 周立波. 破坏计算机信息系统罪司法实践分析与刑法规范调适——基于100个司法判例的实证考察［J］. 法治研究，2018（4）：73-74.

我国《刑法》中采用"和"字立法模式的条文很多，比如第152第2款中便规定了"逃避海关监管将境外固体废物、液态废物和气态废物运输进境……"显然，不能因立法中使用了"和"字便将走私废物罪的成立要件解释为必须同时将"和"前与"和"后的废物同时运输进境才构成本罪。因此，对于第152条第2款正确的解释应该为无论从境外向境内走私的是固体废物，还是液体废物，或者气态废物，只要达到了情节严重的程度便构成走私废物罪。同理，对破坏计算机信息系统（数据）罪的正确解释应是以本款定罪的行为既可以是破坏数据，也可以是破坏应用程序的行为。因而，数据或应用程序说更为合理。

根据观察，支持数据或者应用程序说的同时支持对数据的破坏应达到造成计算机信息系统不能正常运行程度的论者所提出的理由无外乎如下两点：即体系解释与目的解释。然而，无论采用何种解释方法入手分析破坏计算机信息系统（数据）罪均不能得出上述结论。

其一，立法者在设立《刑法》第286条时已明确地针对第1款、第2款与第3款的后果严重作出了不同的规定，"这不能视为立法疏漏所致，而应理解为立法者有意为之"。①观察现行有效的1997年《刑法》，可知立法者在第286条中分别针对三种不同形式的破坏计算机信息系统犯罪行为设置了不同的后果严重之要求，第1款要求造成计算机信息系统不能正常运行，第3款要求影响计算机信息系统正常运行，而第2款则并未作出要求。此种情境下，对破坏计算机信息系统（数据）罪的后果严重进行学理解释时不顾文义内容强行将第2款后果严重等同于第1款"造成计算机信息系统不能正常运行，后果严重"明显有违罪刑法定原则，是超越文义最大范围的类推解释。换言之，《刑法》第286条3款内容间的立法规定清晰明白，因此，脱离文义进行所谓的体系解释与目的解释难称合理。

其二，"法益损害轻重规则"非刑事立法唯一依据，更非体系解释唯一依据。有论者认为既然破坏计算机信息系统罪的第1款与第3款都明确了造成计算机信息系统不能正常运行或者影响计算机信息系统运行

---

① 劳东燕. 功能主义刑法解释的体系控制［J］. 清华法学，2020，14（2）：42.

的限制性要求，那么，处于中间位置的第2款同样也应该受此要求的约束。再者，考虑到第1款要求对计算机信息系统运行法益损害程度高于第3款，因此，从刑事立法由轻到重或由重到轻的立法排列方法看，第1款与第2款的内容应相同，即要求成立第286条第2款之罪时须达到"造成计算机信息系统不能正常运行"的程度。①与此相对，笔者认为法益侵害程度是立法者在进行刑法章节排布与罪名设置时的重点参考标准，但却不是唯一的标准。②因此，相关论者直接将学理上总结出的刑事立法罪名主要排列规则作为刑事立法体系解释的唯一规则，明显属于较为偏狭的错误理解。

其三，从法益内容看，刑法第286条第1款与第2款所欲保护的直接法益并不相同，第2款要保护的直接法益是独立的数据安全法益，而第1款所欲保护的直接法益是计算机信息系统功能安全。以目的解释为根据支持第286条第2款后果严重应解释为"造成计算机信息系统不能正常运行，后果严重"的学者们对于本罪保护法益的理解是第286条的三款内容都只是对"计算机信息系统安全法益"或"计算机信息系统运行安全法益"的保护。③然而，前文笔者已经为破坏计算机信息系统（数据）罪保护的法益是数据安全法益，破坏计算机信息系统（数据）罪保护的对象是所有类型的数据提供了充足的论证。在本书的理解中，运用目的解释方法作出的解释只会得出强调第286条第1款与第2款之间的不同，明确第2款保护的是独立的数据安全法益等结论。换言之，破坏计算机信息系统（数据）罪的成立不需要行为人针对数据实施的删改增行为造成计算机信息系统不能正常运行的危害结果。

基于此，虽然《计算机犯罪解释》将第286条第1款与第2款的后果严重进行了合并解释，但是本书认为《计算机犯罪解释》第四条中的第（二）（三）（五）项认定标准可适用于对第2款的解释，而第（一）（四）项认定标准由于要求行为造成计算机信息系统不能正常运行的后

①　项谷，朱能立. 利用计算机技术窃取虚拟财产如何定性 [N]. 检察日报，2018-09-02 (3).
②　法益侵害程度高低确实既是刑法分则各类犯罪先后排列的主要依据，也是每一类犯罪中具体犯罪先后排列的主要依据，但刑法分则中也并非完全以危害重轻顺序先后排列，有部分犯罪不以危害重轻为序，而是考虑到罪与罪的性质和相互间的逻辑联系. 刘宪权. 刑法学（下）[M]. 4版. 上海：上海人民出版社，2016：364.
③　周立波. 破坏计算机信息系统罪司法实践分析与刑法规范调适——基于100个司法判例的实证考察 [J]. 法治研究，2018 (4)：73.

果应仅能适用于对第1款的解释，不可适用于对第2款的解释。因此，目前判断破坏计算机信息系统（数据）罪后果严重的标准有两个明确列举标准与一个兜底性的堵截条款。相关标准仍然存在如下值得商榷的问题：

其一，没有针对《刑法》第286条第1款、第2款制定差异化的后果严重认定标准。前文提到，本书认为造成第286条3款间关系不清、保护法益不明的问题根源在于"两高"对第286条罪名的不合理创设。这种将在犯罪对象、犯罪前提、犯罪手段与犯罪结果等方面均存在重要不同的三个类型化实行行为规定为一个犯罪罪名，使得本已经在立法中为立法者所关注的数据安全法益再度被埋没，甚至可能会由于使用的罪名统一为"破坏计算机信息系统罪"使得一般民众在看到本罪罪名时往往想到的是行为对计算机信息系统的功能造成损坏或造成信息系统崩溃、中止、停滞等不能正常运行的状态。因此，才有一些学者赞同将破坏计算机信息系统罪三个条款所保护的法益统一解释为计算机信息系统运行安全法益，将第2款中的后果严重理解为"造成计算机信息系统不能正常运行"。

根据本书的理解，针对《刑法》第286条的3款内容应分别进行罪名设置。从刑法条文的结构形式与立法技术看，在同一个条文中分别针对不同的款项设置不同的罪名是刑法常见现象。比如，"两高"针对第285条的第1款、第2款、第3款便分别设置了3个罪名。

从《计算机犯罪解释》的内容看，"两高"在制定《计算机犯罪解释》时似乎曾有意区分第286条第1款与第2款的后果严重认定标准。根据《计算机犯罪解释》第4条的规定可知，①破坏计算机信息系统数据行为的入罪门槛要高于破坏计算机信息系统功能行为的入罪门槛，这一解释背后的深层逻辑如下：破坏计算机信息系统功能的行为危害性重于破坏计算机信息系统数据和应用程序的行为危害性，但由于刑事立法者规定触犯第286条第2款的行为准用第1款的法定刑，为了调和两款

---

① 破坏计算机信息系统功能、数据和应用程序，具有下列情形之一的，应当认定为刑法中第286条第1款和第2款规定的"后果严重"：（一）造成10台以上计算机信息系统的主要软件或者硬件不能正常运行的；（二）对20台以上计算机信息系统中存储、处理或者传输的数据进行删除、修改、增加操作的……。

之间的关系防止出现罪责刑不均衡的问题，调高了第2款的入罪门槛，以高于第1款后果严重2倍的"台数标准"作为第2款后果严重的认定标准，以使第1款与第2款相比在司法适用时第2款成为事实上的"轻罪"。可惜的是，"两高"并没有将此种后果严重解释思路贯彻到底。在《计算机犯罪解释》第4条第三项中又不作区分地将"违法所得5 000元以上或者造成经济损失1万元以上的"作为第1款与第2款后果严重的判断标准。总之，本书认为在未来进一步修改《计算机犯罪解释》时应考虑分别解释第286条第1款、第2款的后果严重。

其二，没有将"数据量"作为后果严重判断的列明标准。与非法获取计算机信息系统数据罪相似，既然破坏计算机信息系统（数据）罪所保护的直接法益是数据完整性与可用性，那么，在众多"其他后果严重"的情形中理应将破坏一定量级的数据作为一项认定后果严重的标准，以强调破坏计算机信息系统（数据）罪独立保护数据安全。目前，《计算机犯罪解释》并没有将"数据量级"作为认定破坏计算机信息系统（数据）罪后果严重的标准，仅规定了"台数标准""经济损失""违法所得"三项标准。本书认为在将来的司法解释作成或作指导案例意义说明时可将"数据量"作为一项明确判断破坏计算机信息系统（数据）罪后果严重的标准提出。在增设"数据量"标准时应考虑到数据分级分类保护的问题，对不同保护层级的数据进行入罪处理时所要求的"数据量"应"轻重有格""多少有序"。同时，考虑到实践中存在同一案件中各种类型数据混杂的情形，因此，宜参照《公民个人信息犯罪解释》第5条第六项的规定确定不同类型数据量级之间的比例折算标准，明确没有达到各个分级分类数据情节严重入罪标准时，按照相应的比例合计达到数量标准也应认定构成破坏计算机信息系统（数据）罪的后果严重。当然，在"数据量"的设定上应充分考虑到数据安全保护与数据资源利用之间的平衡，防止过度压缩数据自由利用空间，保证以数据为基础的数字经济、智能社会等国家战略项目顺利建设。

其三，违法所得与经济损失标准虽应予以保留，但理解时应作出限定。在《计算机犯罪解释》起草的过程中，针对是否有必要将违法所得数额作为判断破坏计算机信息系统（数据）罪后果严重与"后果特别严重"的标准这一问题，曾出现过质疑意见。①然而，"两高""经慎重研究，认为'违法所得数额'是目前司法实践中最好操作的标准，而且违法所得越多，通常也会给权利人带来相应严重的后果，故具有相对合理性。因此，对'违法所得数额'予以保留"。②与对待非法获取计算机信息系统数据罪情节严重的态度相似，笔者否定贸然主张删除此两项后果严重判断标准的意见。本书还关注到在否定意见外，部分学者针对如何解释这两项标准提出了一些限缩性解释的建议。比如，俞小海认为违法所得须是由删除、修改或者增加计算机信息系统数据本身所产生的，不能是将他人财物转为自己所有而产生的。经济损失则须和删除、修改与增加计算机信息系统数据行为有直接的因果关系。在实施犯罪时尚未产生的预期利益，以及经过对数据进行恢复等操作可以避免的损失不能认定为删除、修改或者增加计算机信息系统数据行为所造成的经济损失。③周立波则提出，应从与破坏计算机信息系统行为的关联性以及经济损失与被害人行为具有直接因果关系两方面限缩解释破坏计算机信息系统（数据）罪定量标准中的财产型后果严重。④

对此，笔者认为一般违法所得金额较容易计算，通常是指所获得的酬金或删除、修改、增加计算机信息系统数据所产生的收益等，存疑的主要是经济损失数额的司法认定。根据《计算机犯罪解释》第11条的规定，非法获取计算机信息系统数据罪与破坏计算机信息系统罪（包括第2款）等犯罪定量要素中的"经济损失"是指"危害计算机信息系统行为给用户直接造成的经济损失，以及用户为恢复数据、功能而支出的必要费用"。据此，可将经济损失分为两类，一类为前述学者们所强调的与删除、修改或者增加计算机信息系统数据具有直接因果关系的直接经济损失。另一类则是非直接经济损失的用户为恢复数据等支出的必要费用，从隶属关系上看应为间接经济损失。那么，究竟什么是计算机犯罪行为所造成的直接经济损失，什么又是间接经济损失呢？根据《最高

---

① 喻海松. 网络犯罪二十讲 [M]. 北京：法律出版社，2018：52.
② 喻海松. 网络犯罪二十讲 [M]. 北京：法律出版社，2018：52.
③ 俞小海. 破坏计算机信息系统罪之司法实践分析与规范含义重构 [J]. 交大法学，2015（3）：150.
④ 周立波. 破坏计算机信息系统罪司法实践分析与刑法规范调适 [J]. 法治研究，2018（4）：76.

人民检察院关于渎职侵权犯罪案件立案标准的规定》可知，直接经济损失即指与行为有直接因果关系而造成的财产毁损、减少的实际价值；间接经济损失是指由直接经济损失引起与牵连的其他损失，包括失去的在正常情况下可以获得的利益和为恢复正常管理活动或者挽回损失所支付的各种开支、费用等。由此可知，间接经济损失的判断存在一个最主要的因素，即间接经济损失的承担主体与直接经济损失的承担主体相一致，且间接经济损失是由直接经济损失所引起和牵连的其他经济损失。[①]如此一来，"用户为恢复数据、功能而支出的必要费用"须为与直接经济损失相牵连，且为直接经济损失人所支出的费用，否则便不能够评价为计算机犯罪行为所造成的经济损失。

7.2 使用木马控制"肉鸡"进行加密币挖矿行为的定性

自区块链加密货币产生以来，就因其匿名性、去中心化、弱监管性深受投资者喜爱，引发交易热潮，交易价格不断上涨。为获取不法利益，解决单一计算机算力不足及算力损耗问题，不法分子利用木马程序非法抓取"肉鸡"从事挖矿活动。相关行为侵犯了被非法控制计算机信息系统权利人的合法利益，应启用刑事手段治理之。比如，在廖某非法获取计算机信息系统数据、非法控制计算机信息系统案中，"2018年2月开始，被告人廖某通过网络下载'大灰狼管理软件'（简称大灰狼）、'红蓝安全网2018年3306庆贺版软件（简称抓鸡）'、'Httpfileserver'（简称hfs）三种软件，利用上述软件在网上非法侵入并控制他人计算机信息系统。廖某先在网上购买了一条'肉鸡'（即已经被木马程序控制的计算机信息系统），并通过该'肉鸡'作为跳板将木马程序植入他人的计算机信息系统，利用木马程序来控制他人计算机信息系统"。[②]在本案中，对廖某的行为，人民法院认定构成非法获取计算机信息系统数据、非法控制计算机信息系统罪。

对本判例，本书认为判决结论不甚合理。从裁判文书展示出的实行

---

① 王菲. 试论渎职犯罪中直接经济损失与间接经济损失的司法认定 [J]. 北京职业政法学院学报，2010（1）：37.
② 广东省东莞市第三人民法院〔2020〕粤1973刑初525号刑事判决书。

行为内容看，本案不应全名引用《刑法》第285条第2款规定的非法获取计算机信息系统数据、非法控制计算机信息系统罪，而是仅构成非法控制计算机信息系统罪。据笔者分析，司法实践中同类型抓取"肉鸡"的案件基本也都认定构成非法控制计算机信息系统罪。①从行为本质看，此种利用木马程序"捕获肉鸡、控制肉鸡"的案件中，行为人并不希望完全排除合法权利人的自我使用，而是期望可以在合法权利人不知情的情形下非法利用计算机信息系统的数据算力，进行数据抓取、数据运算等非法操作。因此，真正存疑的是，对利用木马程序抓取"肉鸡"挖矿行为究竟应以第285条第2款的非法控制计算机信息系统罪，还是应以第286条的破坏计算机信息系统罪进行定罪处罚？如果适用第286条的话，究竟应适用哪一款？

想要解决此类行为定性问题，需要首先确证破坏计算机信息系统罪与非法控制计算机信息系统罪的关系问题。目前，针对两罪在司法适用中呈现出的界限不清问题，学界提出立法论与解释论两种方案。立法论提出非法控制计算机信息系统罪属于失败立法，不存在单独设置成罪的必要性，应将之从《刑法》第285条第2款中删除，并在《刑法》第286条破坏计算机信息系统罪中增设相关行为类型。②诚然，立法论的相关意见在未来刑事立法修改过程中将起到积极作用，但当下最为紧迫的问题是如何妥善应用既有罪名。如此看来，解释论恐怕更有价值。然而，既有解释论的相关意见仍值得商榷。归纳来看，既有解释论观点论证前提是，破坏计算机信息系统罪的后果严重应理解为"造成计算机信息系统不能正常"运行的结果。然而，此观点已被本书证伪。如前所述，破坏计算机信息系统（数据）罪的后果严重并不要求造成计算机信息系统不能正常运行的结果，甚至不要求对计算机信息系统运行产生影响。因此，一概认为具体个案中必然会出现破坏计算机信息系统罪与非法控制计算机信息系统罪竞合适用的观点，并不合理。

从刑法文义看，非法控制计算机信息系统罪中的非法控制并不要求必然达到排除合理怀疑的程度，也不要求对计算机信息系统运行产生影

---

① 安徽省濉溪县人民法院〔2020〕皖0621刑初74号刑事判决书。
② 皮勇. 我国网络犯罪刑法立法研究——兼论我国刑法修正案（七）中的网络犯罪立法〔J〕. 河北法学，2009，27（6）：54-57.

响。有论者提出，非法控制计算机信息系统的行为必须达到完全完全排除用户控制的程度。①亦即，没有完全排除系统权利人系统控制权限的非法控制行为不属于非法控制计算机信息系统罪的规制对象。然而，此理解明显与实践不符。通常，非法控制计算机信息系统的行为多是隐形控制行为，即是在合法权利人不知情的情况下偷偷对相关计算机信息系统实施控制操纵。比如，廖某非法获取计算机信息系统数据、非法控制计算机信息系统案即是如此。因而，如果将此类隐形控制操纵行为一概排除在非法控制计算机信息系统罪的适用范围外，将必然导致大量犯罪行为被不当出罪处理。

"非法控制的本质是非用户本人操作，只要行为人'通过各种技术手段，使他人计算机信息系统处于其掌控之中，能够接受其发出的指令，完成相应的操作活动'，即可认为满足了'非法控制'的要件"。②该解释结论与两罪法益保护目的相符。主流观点认为非法控制计算机信息系统罪的保护法益是计算机信息系统运行安全。然而，计算机信息系统运行安全法益较为抽象，既不能发挥立法批判功能，也不能实现刑法解释功用。因此，本书认为同样应对之进行具体化，非法控制计算机信息系统罪保护法益虽在宏观层面看是计算机信息系统运行安全，但并不能就此认定非法控制型危害计算机信息系统运行安全行为与非法破坏型危害计算机信息系统运行安全行为在所有案件中均存在竞合适用问题，这也从反面证明立法论的相关观点亦存在值得商榷之处。

事实上，行为人在具体案件中可能利用删改增计算机信息系统功能、删改增计算机信息系统数据或者植入木马程序等手段在破坏计算机信息系统功能、数据和应用程序的情况下，实现对计算机信息系统的非法控制，危害计算机信息系统运行安全，也完全有可能是在不破坏计算机信息系统功能，不删改增计算机信息系统数据和应用程序的情况下对他人计算机信息系统进行非法控制，危害计算机信息系统运行安全。比如，某公司保密制度要求公司员工只能在上午9点到11点查看特定计算机信息系统，获取当日登录某计算机信息系统的公司账号密码，但某员

---

① 于改之. 非法弹送广告行为入罪要素解析 [J]. 人民检察，2020（14）：44.
② 于改之. 非法弹送广告行为入罪要素解析 [J]. 人民检察，2020（14）：44.

工为实现非法目的在下午1点非法查看了特定电脑记载的公司账号密码，并登录某计算机信息系统实施非法控制。涉案行为虽可能被评价为非法获取计算机信息系统数据、非法控制计算机信息系统罪，但却对计算机信息系统功能、计算机信息系统数据和应用程序未造成侵犯，也没有使用木马等病毒性程序实施非法控制计算机信息系统的行为。因此，涉案行为不能被评价为破坏计算机信息系统犯罪行为。

总之，非法控制计算机信息系统罪保护的直接法益是计算机信息系统权利人的排他控制权，即未经授权或者超越授权，任何人不得对他人计算机信息系统进行非法控制，控制手段并不局限于破坏计算机信息系统罪所列举的破坏性手段，还包括诸多非破坏性手段。由于《刑法》第286条第1款、第3款要求后果严重分别达到"造成计算机信息系统不能正常运行"或者"影响计算机信息系统正常运行"的程度，因此，两者所保护的同类法益为计算机信息系统运行安全，造成该计算机信息系统运行安全受损的原因可以是对数据安全的损坏、功能安全的损坏。总之，只有对计算机信息系统运行安全法益的损害达到使计算机信息系统不能正常运行的程度才可落入第286条第1款与第3款的评价范围内。

因此，区分第285条第2款非法控制计算机信息系统罪与第286条第1款、第3款之间的关系时最为主要的判断因素有两点：（1）行为是否部分或全部排除了合法权利人对计算机信息系统的控制？（2）行为是否对计算机信息系统运行安全造成后果严重的破坏？据此，司法裁判中，只要行为人的行为对合法权利人所拥有的计算机信息系统的控制权造成了全部或部分排除的侵害后果便存在构成非法控制计算机信息系统罪的可能，至于其为达成对排除合法权利人对计算机信息系统控制权的目的是采用非法获取、删除、修改或增加数据或删除、修改、增加、干扰计算机信息系统功能的行为在所不问，只关注非法控制这一结果状态是否存在即可。当然，如果为了实施非法操控他人计算机信息系统或者通过操控他人计算机信息系统实施的其他行为，同时构成其他犯罪时，则依据罪数理论进行处理即可。

与之同理，第285条第2款非法控制计算机信息系统罪与第286条第2款破坏计算机信息系统（数据）罪之间的区分关键也在于所欲保护法益是否受到侵犯的判断。破坏计算机信息系统（数据）罪所保护的法益是数据的完整性与可用性，只要对数据安全法益的侵犯达到了后果严重的程度即可构成本罪，对于通过破坏数据的方式实现对系统的非法控制，又或者说通过对系统的非法控制实现对数据的破坏，均应根据罪数理论进行处理。因此，非法控制计算机信息系统罪与破坏计算机信息系统（数据）罪的区分关键并不是从字面上理解判断"控制"或者"破坏"的关系，而是要关注相关条文所保护的法益内容，只有行为侵犯了相应法益才能构成犯罪。当一个行为造成两个法益侵害结果，或者说不同行为之间具有手段与目的、方法与结果之间的关系时，则可根据想象竞合或牵连犯等基本原理进行处理。

有论者反对本书观点，认为"非法控制计算机信息系统罪中任何形式的非法控制，可以说如果先对计算机数据或程序做一定程度的改动是无法达到的"。①此理解失之偏颇。一方面，从《刑法》第285条第2款的规定看，非法控制计算机信息系统罪也属于复行为犯，要构成本罪必须同时实施"非法侵入或利用其他技术手段+非法控制"，两者缺一不可，而非法侵入是指未经授权或超越授权进入计算机信息系统的行为，技术性侵入仅是行为样态之一，非技术性侵入（如偷窥密码、提升权限、超越时长）等也是较为常见的行为样态。因此，非法控制计算机信息系统的前置行为不一定需要对计算机信息系统数据和程序做一定改动。比如，未经授权偷窥密码进而非法控制计算机信息系统的行为，达到定量要求时，同样构成非法控制计算机信息系统罪。

另一方面，在我国"定性+定量"的立法模式下，行为入罪处理应充分考虑定量因素。德国刑法分则一般仅描述不法类型，而不对不法含量进行要求。比如，德国刑法第303a条规定："（1）违法删除、封锁或变更他人之电磁记录（第202a条第2项），或使之失效者，处二年以下有期徒刑或罚金。（2）未遂犯罚之。（3）预备犯第1项之罪者，准用第202c条之规定。"②而在我国刑事犯罪须同时满足定量要

---

① 肖怡. 流量劫持行为在计算机犯罪中的定性研究 [J]. 首都师范大学学报（社会科学版），2020（1）：42.
② 德国刑法典 [M]. 何赖杰，林钰雄，李圣杰，等译. 台北：元照出版有限公司，2017：378.

求，要构成非法控制计算机信息系统罪，必须要满足情节严重要件，要构成破坏计算机信息系统罪，必须满足后果严重要件。因此，即便对计算机信息系统的单次技术操作均会留下数据痕迹，但该行为对计算机信息系统中原存储、处理或者传输的数据进行删改增的行为并未达到后果严重的程度，便不能被认定构成破坏计算机信息系统罪。同理，如果涉案行为对计算机信息系统中原存储、处理或者传输的数据进行删改增的行为并没有达到情节严重的程度，便不能认定构成非法控制计算机信息系统罪。因此，问题的关键并不在于非法控制计算机信息系统的行为是否对计算机数据或程序做一定程度的改动，而是如果单次操作会对计算机信息系统中存储、处理或者传输的数据产生删改增的效果，后果严重时可构成破坏计算机信息系统罪，因删改增数据产生非法控制计算机信息系统的效果，情节严重时可构成非法控制计算机信息系统罪。

值得关注的是，第285条第2款与第286条之间是否为法条竞合关系？如果属于法条竞合关系，根据罪数基本理论，应以特别法优于一般法为原则，以重法优于轻法为例外进行适用。目前，学界存在不少观点主张《刑法》第285条第2款与第286条之间属于法条竞合关系。孙道萃认为两者之间应是法条竞合的关系，[①]王禹更是进一步将之理解为完全包容的法条竞合关系。[②]此种理解值得商榷。第285条第2款与第286条之间应属于想象竞合，而非法条竞合关系，理由仍在于两罪保护法益不具有同一性。想象竞合与法条竞合的判断标准包括形式与实质两方面，形式方面是抛开案情看法条，条文之间是否存在包容或交叉关系。如果不存在形式上的包容与交叉关系，则可排除法条竞合成立的可能性。当满足形式标准后，仍须实质判断，验证相关条款保护法益是否具有同一性。

从形式要件看，非法控制计算机信息系统罪与破坏计算机信息系统罪在立法表述方面存在一定交叉关系，因为非法控制计算机信息系统中的非法控制，完全可能是通过实施第286条第3款所规定的三种犯罪行

① 孙道萃. "流量劫持"的刑法规制及完善 [J]. 中国检察官，2016（4）：77.
② 王禹. 计算机信息系统犯罪的行为透视——以"破坏"和"非法控制"的界限与竞合为视角 [J]. 江西警察学院学报，2019（2）：108.

为实现的。然而，从实质标准看，非法控制计算机信息系统罪的保护法益是计算机信息系统的合法控制权，第286条第1款的保护法益是计算机信息系统功能安全，第2款的保护法益是数据可用性与完整性安全，第3款保护的法益为宏观的计算机信息系统运行安全。虽然计算机信息系统控制权、计算机信息系统运行安全、计算机信息系统功能安全与计算机信息系统中存储、处理或者传输数据安全之间具有紧密联系，但存在本质差异，难称符合法益同一性要求。因此，本书主张第285条第2款与第286条规定的非法获取计算机信息系统、非法控制计算机信息系统罪与破坏计算机信息系统罪之间不是法条竞合关系，可能成立想象竞合关系。

遵循前述理解，在非法控制计算机信息系统罪与破坏计算机信息系统罪第2款具体适用时，可根据如下思路区辨二者：一是判断客观定性要件。判断涉案行为是对计算机信息系统操控权的侵犯，还是对计算机信息系统中存储、处理或传输数据之可用性、完整性的侵犯，属于前者，认定为非法控制计算机信息系统行为；属于后者，认定属于破坏计算机信息系统数据的行为；两者兼有，认定同时属于非法控制计算机信息系统与破坏计算机信息系统数据的行为。二是判断定量要件。对第285条第2款与第286条第2款中的定量要件进行判断。情节严重包含主客观方面的内容，而后果严重仅指向客观方面的内容。因此，如果是从主观方面判断存在应受刑法处罚的法益侵害严重程度，那么就只能认定为非法控制计算机信息系统罪，而不能认定为破坏计算机信息系统（数据）罪。如果是从客观方面判断，涉案行为同时符合情节严重与后果严重时，则基本可以认定构成非法控制计算机信息系统罪与破坏计算机信息系统（数据）罪。三是判断主观要件。考察涉案行为实施相应行为时的主观故意内容，如果是在同一故意支配下实施的一个行为，同时侵犯了两个法益，触犯了两个罪名，那么就成立想象竞合关系，进行从一重处。如果在同一个故意支配下实施的非法控制计算机信息系统的行为同时侵犯了数据的完整性、可用性法益时应依照想象竞合原理进行从一重处；如果是在分别的故意支配下实施了非法控制计算机信息系统与破坏计算机信息系统数据的行为应分别进行定罪，进行数罪并罚。

以上即为认定利用木马程序抓取"肉鸡"挖矿行为的刑法逻辑，如果涉案木马程序影响计算机信息系统正常运行，后果严重，则适用《刑法》第286条第3款的规定予以定罪处罚。如果涉案木马程序同时有删除、修改、增加与干扰计算机信息系统功能的效果，则可能同时适用《刑法》第286条第1款与第3款的规定予以定罪处罚的可能性。如果涉案木马程序运行过程中对他人计算机信息系统中存储、处理或者传输的数据进行了删除、修改或者增加，后果严重时亦有可能会触犯《刑法》第286条第2款。由于1997年12月16日公布的《最高人民法院关于执行〈中华人民共和国刑法〉确定罪名的规定》将第286条确定为破坏计算机信息系统罪。因此，在具体个案适用时，如果利用木马程序抓取"肉鸡"挖矿行为同时构成非法控制计算机信息系统罪与破坏计算机信息系统罪（裁判文书中应对触犯款项进行明示）时，可根据上文所述规则进行处理。

7.3 提供拦截篡改数据骗取App首单优惠程序行为的定性

数字经济的核心是用户注意力，为吸引用户关注，各网络平台纷纷推出不同力度的优惠政策。然而，此举在活跃数字经济市场的同时，还催生了网络黑产犯罪产业链，包括提供拦截并篡改API调用骗取首单优惠犯罪行为及为该行为提供侵入、非法控制计算机信息系统程序、工具的犯罪行为。对于直接利用程序、工具拦截并篡改API调用骗取首单优惠犯罪行为，可参照使用抓包工具抓取并修改账户余额行为的定性思路进行处理。本处重点讨论提供拦截篡改数据骗取App首单优惠程序、工具行为的定性问题。通过检索发现（见表7-1），司法实践对此类案件的处理亦存在较大争议，法院倾向于认定构成提供侵入、非法控制计算机信息系统程序、工具罪，而检察院则倾向于认为构成破坏计算机信息系统罪。

表7-1   案件定性意见统计表

案号	辩护人定性意见	检察院定性意见	法院定性意见
〔2018〕沪0105刑初1034号	未载明	破坏计算机信息系统罪	提供侵入、非法控制计算机信息系统程序、工具罪
〔2019〕沪01刑终1632号	正当防卫，不构成犯罪	撤回抗诉	维持原判
〔2019〕苏0902刑初655号	提供侵入、非法控制计算机信息系统程序罪	破坏计算机信息系统罪	提供侵入、非法控制计算机信息系统程序罪

　　那么，两种观点哪一个才是合适的观点？回应此问题的前提是厘清破坏计算机信息系统罪与提供侵入、非法控制计算机信息系统程序、工具罪的关系。根据《计算机犯罪解释》可知，第285条第3款中的被帮助行为包括3种行为类型，分别是非法侵入系统、获取系统数据及控制系统。该司法解释出台后，"两高"相关人士撰文表示此解释并没有突破文义，因为从实践看，行为人侵入系统后获取数据的行为较为常见。目前，此理解已获得学界与实务界的认可。同理，我们似乎也可将第286条第1条与第2条规定的犯罪行为类型视为提供侵入、非法控制计算机信息系统程序、工具罪中的被帮助行为。现实生活中侵入系统后对计算机信息系统功能或者计算机信息系统中存储、处理或者传输的数据和应用程序实施非法破坏的犯罪行为十分常见。因而，有必要思考为什么"两高"并没有将此类行为解释为提供侵入、非法控制计算机信息系统程序、工具罪中的被帮助行为？

　　本书认为可从罪刑均衡角度为《计算机犯罪解释》提供注解。从法定自由刑角度看，第286条有两档法定刑，分别是五年以下有期徒刑或拘役，以及五年以上有期徒刑。而提供侵入、非法控制计算机信息系统程序、工具罪是"依照前款规定定罪处罚"，法定刑应包括两档，分别是三年以下有期徒刑，以及三到七年有期徒刑。此情形下，如若将破坏计算机信息系统功能、数据和应用程序的行为视为第285条第3款提供侵入、非法控制计算机信息系统程序、工具罪中的被帮助违法犯罪行为，会导致向实施前述行为的行为人提供专门用于侵入、非法控制计算机信息系统程序、工具或者明知行为人实施前述行为还提供用于侵入、非法控制计算机信息系统程序、工具的行为人，最高只能被处以三到七年有期徒刑，不能适用第286条第1款或者第2款的规定对行为人进行定罪量刑，导致罪刑倒挂问题，即重罪反而轻罚。为实现罪责刑相均衡，不能将破坏计算机信息系统功能、数据和应用程序行为视为第285条第3款中的被帮助行为。

明确第286条前两款所规定的行为类型不属于提供侵入、非法控制计算机信息系统程序、工具罪中的被帮助行为后，可讨论当行为人明知他人使用程序、工具篡改数据骗取App首单优惠时仍向其提供程序、工具的行为究竟应如何处理？以"赵硕破坏计算机信息系统案"为例，赵某在互联网上建立网站并发布其编写的"XY修改器"程序，网站上设置了充值、代理页面在互联网上销售该软件，还通过建立QQ群进行推广。该软件在客户端安装后为Xposed模块"XY修改器"，该模块通过拦截并修改系统API的调用结果实现修改Android系统中的IMEI、MSISDN、IMSI、ICCID、MAC地址、无线网络SSID、BSSID、IP地址等信息的功能。软件购买者在Xposed模块"XY修改器"软件中运行拉扎斯网络科技（上海）有限公司"饿了么"App应用时，可通过拦截并篡改客户端程序与服务器之间的传输数据，骗过拉扎斯网络科技（上海）有限公司的首单减免审核机制，使服务器端程序根据篡改的传输数据重复使用该软件注册、将不符合新用户标准的用户认定为新用户并支付首单优惠补贴，给拉扎斯网络科技（上海）有限公司造成损失。检察院指控构成破坏计算机信息系统罪，辩护人和法院认定行为构成提供侵入、非法控制计算机信息系统程序、工具罪。[①]

否定赵硕构成破坏计算机信息系统罪的意见中，辩护人认为：（1）涉案行为不属于破坏计算机信息系统罪的实行行为；（2）认定涉案行为是对饿了么平台造成破坏的证据不足；（3）"XY修改器"不属于破坏性程序。法院则认为"XY修改器"运行的第一步是模拟生成新手机，

---

① 江苏省盐城市亭湖区人民法院〔2018〕苏0902刑初655号刑事判决书。

第二步是改变饿了么调用方式。该程序虽具有破坏性，但不属于计算机病毒等破坏性程序。同时，赵某以及其下游代理人没有对系统和数据进行破坏的主观故意，也没有造成饿了么不能正常运营的危害后果。因此，仅能将涉案的8名被告人的行为认定构成明知型提供侵入、非法控制计算机信息系统罪，而不是破坏计算机信息系统罪。

对辩护人与法院的观点，本书持反对意见。其一，误将破坏计算机信息系统罪第1款与第2款中的后果严重理解为造成计算机信息系统不能正常运行。如前文所述，破坏计算机信息系统（数据）罪的成立不需要造成计算机信息系统不能正常运行，只要数据完整性与可用性法益受到侵犯达到后果严重程度即可；其二，即便"XY修改器"不被认定为计算机病毒，也只是意味着不能破坏计算机信息系统罪第3款进行处罚，并不排除适用第286条第2款的可能性。实际上，本案中行为人的行为应同时构成提供侵入、非法控制计算机信息系统程序、工具罪与破坏计算机信息系统（数据）罪，符合想象竞合的基本原理，应该从一重处。

一方面，涉案行为构成提供侵入、非法控制计算机信息系统程序、工具罪。理由如下：（1）"提供"必须是为违法犯罪提供帮助、创造条件，但提供行为不要求提供者因此获得了相对应的利益，也不要求提供帮助的行为实际上产生帮助效果，只要行为人提供的程序或工具在客观上为他人侵入、非法控制计算机信息系统之违法犯罪行为的实施具有帮助作用即可。可见，本案中行为人的"有偿销售"行为被认定为"提供"并无规范障碍。（2）根据鉴定结论，"XY修改器"具有突破饿了么系统安全防护，改变饿了么手机客户端的数据调用方式，控制饿了么手机客户端选取错误数据并将错误数据通过网络交互反馈到饿了么系统服务器的功能。因此，"XY修改器"应属于提供侵入、非法控制计算机信息系统程序、工具罪中的"专门程序"。（3）"XY修改器"对饿了么用户客户端的侵入、非法控制，是否可以视为对饿了么系统的侵入、非法控制？事实上，该行为与微信外挂等相似，属于外挂程序的一种。作为外挂程序，如果仅仅是对饿了么客户端的修改，被修改数据不通过数据传输交互于客户端与服务器端的话，即便是造成了饿了么客户端不能正常运行的结果，也不应被评价为犯罪行为。因为"XY修改器"是饿了么客户端载体之计算机信息系统设备所有人主动下载、安装并使用的，根据被害人自负风险原则，不应将相关结果归责于"XY修改器"的提供者。然而，一旦"XY修改器"修改的数据通过网络从饿了么客户端传输于饿了么服务器端，则可视为对饿了么计算机信息系统数据的非法获取与删改增。此案明显属于后一种情形，因此，提供"XY修改器"的8名被告人理应被认定构成提供侵入、非法控制计算机信息系统程序、工具罪。

另一方面，涉案行为构成破坏计算机信息系统（数据）罪的共同犯罪。根据《计算机犯罪解释》第9条可知，认定涉案行为是否构成破坏计算机信息系统罪的关键点如下：（1）使用"XY修改器"的行为能否被评价为破坏计算机信息系统行为？（2）"XY修改器"的提供者是否对他人使用该程序实施破坏计算机信息系统行为"明知"？

其一，使用"XY修改器"的行为属于破坏计算机信息系统行为。经鉴定，"XY修改器"4.0apk属于破坏性程序，该程序功能是拦截并篡改系统的API调用结果实现对Android系统中IMEI等地址的非法修改。具体运行过程是："XY修改器"程序通过拦截并篡改包名为"me.ele"的应用中"java.util.HashMap.put（）"方法的调用，修改了包名为"me.ele"的应用使用HashMap存储、处理键值为"ro.product.model""ro.build.id""ro.build.type""ro.build.version.release""ro.build.display.id""hk2""vm""qemFiles""goldfish""isRoot""dbg"等值时的数据。不难发现，"XY修改器"的作用与前述Fiddler软件异曲同工，均是通过非法拦截手段获取数据，进而非法修改已拦截数据使真实数据受损，并将篡改后数据上传至计算机信息系统，即在客户端与服务端之间进行数据掉包。因此，与处理Fiddler相似，可将本案行为拆分为非法拦截数据与非法篡改数据两个独立行为，前者构成非法获取计算机信息系统数据罪，侵犯的是数据保密性。后者构成破坏计算机信息系统（数据）罪，侵犯的是数据可用性、完整性。手段行为是非法拦截数据，目的行为是非法篡改数据，两者间形成牵连关系，因此，应择一重处，将使用"XY修改器"的犯罪行为评价为破坏计算机信息系统（数据）罪。

其二，本案中行为人对他人实施破坏计算机信息系统数据的行为明知。从案情看，行为人向外提供"XY修改器"时，还提供教学视频，且"XY修改器"唯一功能即是拦截并修改API调用结果。此情形下，行为人仍选择有偿向外提供"XY修改器"，其对他人将使用其提供的"XY修改器"实施破坏计算机信息系统（数据）的行为应为明知。总之，没有亲自使用"XY修改器"只能证明行为人不是相关行为的正犯，但不排除以帮助犯入罪的可行性。本案中，被告人赵某及其他被告人确实没有直接利用其提供给他人的程序进行破坏计算机信息系统数据的主观故意，但是其作为设计研发者必然知晓该程序属于专门用于破坏计算机信息系统数据的破坏性程序。此时，其仍选择将该破坏性程序提供给他人实施犯罪行为。"XY修改器"虽没有造成饿了么系统不能正常运行的结果，但"XY修改器"对于饿了么系统间存储、传输与处理的数据进行了非法的删改增。此时，赵某等人的行为完全可以被评价为破坏计算机信息系统罪的帮助犯，以破坏计算机信息系统（数据）罪进行定罪量刑。

综上所述，提供侵入、非法控制计算机信息系统罪中的被帮助行为不包括《刑法》第286条前两款所列的破坏计算机信息系统功能、破坏计算机信息系统数据行为。因此，如果行为人明知他人实施破坏计算机信息系统数据安全犯罪行为，还为其提供程序、工具时，如果所提供程序、工具不具有侵入、非法控制计算机信息系统的功能时，只能成立破坏计算机信息系统（数据）罪。如果所提供程序、工具同时具有帮助他人实施侵入、非法控制计算机信息系统的功能时，则完全可能同时构成提供侵入、非法控制计算机信息系统程序、工具罪的帮助犯与破坏计算机信息系统（数据）罪的共同正犯。因此，实践中进行判断时一定要注意，即使提供程序、工具者自己没有亲自实施破坏计算机信息系统数据行为，也仅意味着其不能成为破坏计算机信息系统（数据）罪的正犯，并不排除以帮助犯入罪的可能性。

8 数字经济时代"对象-工具型"数据安全犯罪的刑法规制

参考以往对计算机犯罪对象型、工具型与空间型的分类模式，数据安全犯罪可被大致分为对象型与工具型数据安全犯罪。此外，数据在具体案件中可能同时扮演着犯罪对象与犯罪工具两种角色。因而，在对象型数据安全犯罪与工具型数据安全犯罪之间便形成了"对象-工具型"数据安全犯罪这种交集犯罪行为类型。通常，在纯粹对象型数据安全犯罪与纯粹工具型数据安全犯罪领域，数据安全犯罪与利用计算机实施其他犯罪的区分适用不成问题。对于纯粹的对象型数据安全犯罪，应以数据安全犯罪罪名进行定罪量刑。对于纯粹的工具型数据安全犯罪，则根据《刑法》第287条的规定，[①]以其他犯罪罪名进行定罪量刑。"对象-工具型"数据安全犯罪往往会引发罪名适用争议。解决该问题的关键在于明确《刑法》第287条的含义，对该条含义的不同理解会导出不同"对象-工具型"数据安全犯罪定性结论。

---

① 《刑法》第287条规定"利用计算机实施金融诈骗、盗窃、贪污、挪用公款、窃取国家秘密或者其他犯罪的，依照本法有关规定定罪处罚"。

8.1 关于《刑法》第287条的解释争议

1997年《刑法》制定时，立法者共增设第285、第286与第287条3个计算机犯罪条文，即"两点一面"计算机犯罪罪名体系。然而，尽管第287条入法较早，但对该条的理解在实务与学理层面仍存在较大争议。

一种判例立场认为即便刑法中存在第287条，"对象–工具型"数据安全犯罪案件中的涉案行为仍可能被定性为数据安全犯罪。比如，"计某某、付某某等盗窃案"中，法院认为被告人超越权限非法获取电信系统中所存储的速通卡卡号，并且对电信系统的拦截规则代码进行了非法删除，这些行为分别符合刑法第285条第2款与第286条第2款的规定，已然构成了破坏计算机信息系统（数据）罪与非法获取计算机信息系统数据罪。然而，由于将被告人的行为定性为前述两罪不足以实现罪责刑相适应。因此，法院引用《刑法》第287条的规定将破坏计算机信息系统造成被害单位电信资费损失的行为认定为盗窃罪。[①]对法院的裁判逻辑可作如下解构：法院明显已经认可了非法获取电信系统数据与删除电信系统规则代码的行为构成相关的数据安全犯罪，只是由于第287条的存在，在涉案行为也构成其他犯罪的情形下，可以选择更能体现罪责刑相适应的罪名予以定性。

此种裁判思路值得肯定，然而，本书认为法院在说理时完全可以在罪责刑相适应这一理由外再加上牵连犯原理，这样能够更清晰地说明本案以盗窃罪定性并非是因为第287条的存在排除了数据安全犯罪的适用可能性，而是为实现罪责刑相适应，依据牵连犯原理进行从一重处。在"林某某犯非法获取计算机信息系统数据等罪案"中法院便明确采取了此种说理思路，法院认定被告人利用QQ向他人的手机等发送木马病毒，并拦截银行手机认证码的方式，对被害人在银行预留的手机号码进行更改，再将被害人银行卡绑定财付通、支付宝等第三方支付平台，继

---

① 江苏省苏州市姑苏区人民法院〔2020〕苏0508刑初346号刑事判决书。

而盗刷银行卡内存款，显然已经侵害了计算机信息系统的安全。然而，本案中各被告人的犯罪目的是非法占有被害人银行卡内存款，而不是获取被害人身份认证信息等数据后以牟利为目的兜售数据。被告人利用木马病毒截获手机认证码的行为只是进而实施财产盗窃行为的手段。此外，从涉案犯罪行为侵犯的法益方面看，本案犯罪行为侵犯的主要法益是被害人的财产权，而不是被害人的手机系统（即计算机信息系统）。因此，根据《刑法》第287条"利用计算机实施有关犯罪的规定"，本案应以盗窃罪定罪处罚。①

另一种判例立场认为由于刑法中存在第287条，"对象-工具型"数据安全犯罪案件中的涉案行为只能以其他犯罪罪名予以定性。在"马某、杨某、周某某等诈骗案"中，法院认定"尽管本案被告人马某等人通过侵入境外赌博网站系统修改下注数据的方式进行牟利的行为，符合破坏计算机信息系统罪的行为特征，但本案即属于利用计算机实施的诈骗犯罪，根据第287条的规定依法应当依照诈骗罪定罪处罚"。②对本案法院的裁判逻辑可以作如下解构：即便涉案被告人之行为已经构成了破坏计算机信息系统罪等罪名，但是由于《刑法》中第287条的存在导致本案中这种"利用计算机实施的诈骗犯罪"，依法应当适用诈骗罪进行处罚，包括数据安全犯罪在内的计算机犯罪则不再存在被适用的可能性。

由于长期以来法官们在制作刑事裁判文书时习惯于不作过多说理，因此，如果只观察刑事司法判例基本无法得知法官们作出相关司法裁判的法理依据。这一客观现实促使我们将研究视线收回到学理层面，通过归纳与分析学者们对刑法中第287条的解释争议，借以明确学者们与司法者们对第287条存在解释争议的本质原因。目前，学界对第287条的解释争议主要可分为法律拟制说与注意规定说两大类，在注意规定说内部还存在着其他犯罪定罪论与根据罪数理论定罪论两种相互对立的观点。

第287条学理解释争议示意图如图8-1所示。

---

① 浙江省苍南县人民法院〔2015〕温苍刑初字第1628号刑事判决书。
② 浙江省杭州市西湖区人民法院〔2019〕浙0106刑初660号刑事判决书。

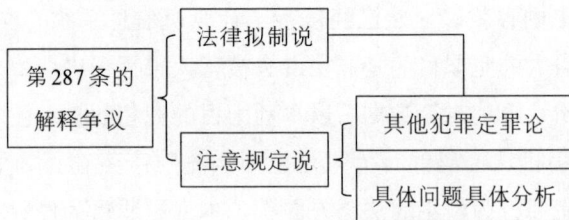

图8-1　第287条学理解释争议示意图

法律拟制说认为"应将该条理解为将数罪拟制为一罪类型的法律拟制规定",①而不是注意性规定。根据该种学说解释第287条得出的必然结论是在"对象-工具型"数据安全犯罪中,即使行为同时符合了数据安全犯罪的构成要件,但其他犯罪的构成要件应该排除数据安全犯罪的适用,而仅以其他罪名进行定罪量刑。项谷、朱能立等实务工作者支持此观点。②

注意规定说认为《刑法》第287条的设置目的在于提醒司法者,不要在具体个案中看到计算机网络因素的存在便将相关行为直接认定构成包括数据安全犯罪在内的计算机犯罪。③注意规定说内部还可以分为两种相互对立的观点:(1)张明楷尽管主张第287条为注意性规定,但是其认为只要是以计算机为工具的犯罪行为,即便涉案行为同时触犯了计算机犯罪与其他犯罪罪名,还是应该认定构成其他犯罪罪名,排除包括数据安全犯罪在内的计算机犯罪罪名的适用。只要是以计算机为工具的犯罪行为,即使同时触犯了计算机犯罪罪名与其他犯罪罪名,还是应该只以其他犯罪定性,排除包括数据安全犯罪在内的计算机犯罪罪名之适用。④(2)俞小海认为应该根据罪数理论进行具体分析,而不能够统一按照其他犯罪罪名对行为进行定性。⑤

由上可知,在司法实践操作中,如果持法律拟制说,则会认为只要是以数据为工具实施的其他犯罪行为均应以目的行为作为定性标准,即以其他犯罪罪名定性。如果持注意性规定说,则存在两种不同的理解,

①　李振林. 刑法中法律拟制论 [D]. 上海:华东政法大学, 2013:138.
②　项谷,朱能立. 利用计算机技术窃取虚拟财产如何定性 [N]. 检察日报, 2018-09-02 (3).
③　陈兴良. 互联网账号恶意注册黑色产业的刑法思考 [J]. 清华法学, 2019, 13 (6):14.
④　张明楷. 非法获取虚拟财产的行为性质 [J]. 法学, 2015 (3):14.
⑤　俞小海. 破坏计算机信息系统罪之司法实践分析与规范含义重构 [J]. 交大法学, 2015 (3):152-154.

一种是与法律拟制说相同，认为只能以其他犯罪罪名定性，一种则与之相反，认为是否可适用数据安全犯罪罪名，需要看相应行为是否符合数据安全犯罪的犯罪构成，一旦符合数据安全犯罪罪名的构成要件，则存在数据安全犯罪罪名的适用空间。整体来看，《刑法》第287条应属于注意性规定，而不是法律拟制，该条文存在的目的是提醒司法者在遇到以计算机实施金融诈骗、盗窃等犯罪行为时，要注意分析相关的犯罪行为是否符合有关罪名的犯罪构成，符合哪个罪名的犯罪构成就以哪个犯罪罪名定性，同时符合多个罪名的犯罪构成则根据罪数理论进行解决。

8.2 法律拟制说之否定

对于前述各类观点，首先予以否定的是《刑法》第287条的"法律拟制说"，理由如下：

其一，将第287条定性为法律拟制条款，不符合本条款的文义。通过对1997年《刑法》进行考察可知，"依照……定罪处罚"是立法者常用的立法表述，其中，刑法分则中共有4种具体的使用类型（见表8-1）。

表8-1　　刑法分则"依照……定罪处罚"具体类型统计表

具体表述	对应法条
依照处罚较重的规定定罪处罚	第120条之二、第142条之一、第149条第2款、第229条、第236条、第260条之一、第280条之一、第286条之一、第287条之一、第287条之二、第291条之二、第329条、第338条、第342条、第399条
依照××条的规定定罪处罚	第149条、第154条、第163条、第183条、第184条、第185条、第196条、第204条、第208条、第210条、第234条之一、第238条、第241条、第242条、第259条、第265条、第267条、第269条、第271条、第272条、第289条、第292条、第308条之一、第333条、第339条、第355条、第361条、第362条、第393条、第394条
依照本法有关规定定罪处罚	第287条
依照前款的规定定罪处罚	第388条之一

从立法者对"依照……定罪处罚"的具体表述看,"依照处罚较重的规定定罪处罚""依照××条的规定定罪处罚""依照前款的规定定罪处罚"3种使用类型具有明确的指向性,具体案件中存在行为符合上述各对应条款的规定时,要么比较轻重罪后以重罪处罚,要么直接依据处罚较重的规定进行定罪处罚。然而,与其他46处具有明确指向的"依照……定罪处罚"的立法例不同,立法者在设置第287条时并没有明确"依照"的具体指向。第287条的立法罪状已经明确利用计算机实施其他犯罪的,只是"依照本法有关规定定罪处罚",而不是"依照计算机犯罪以外的有关规定定罪处罚",更不是"依照其他犯罪定罪处罚"。因而,从"依照本法有关规定定罪处罚"这一规定本身根本无法推出"一概以目的犯罪定罪处罚"之结论。

既然如此,对第287条的正确理解应该是行为人利用计算机实施其他犯罪时,若犯罪行为同时符合其他犯罪的不法与有责要素便应认定构成其他犯罪,不能在具体案件中看到计算机因素的存在便直接认定构成包括数据安全犯罪在内的计算机犯罪。同时,如果在利用计算机实施犯罪的同时,对计算机相关法益本身造成了侵害,并不排除行为构成包括数据安全犯罪在内的计算机犯罪的可能性。因而,"依照本法有关规定定罪处罚"只是为了告诫司法者不要忽略对案件本质的考察,注意透过计算机技术的表象深入考察法益侵害的实质,造成何种法益侵害便应定何种罪名,并没有排除评价行为人使用计算机实施犯罪时对计算机本身所造成之法益侵害的评价。

其二,将第287条定性为法律拟制条款,不符合法律拟制基本原理。根据法理可知,法律机制的基本原理是将不同者等同视之。然而,立法者明显没有通过设置《刑法》第287条来实现用其他犯罪罪名处理计算机犯罪行为的意图,立法目的只是提醒司法者在司法审判时注意遵循实行行为"符合何罪的犯罪构成,便考虑以何罪定性"这一基本定罪规则,符合一罪构成则以一罪论处;符合数罪构成,则依据罪数理论进行具体分析。

其三,将第287条定性为法律拟制条款可能会造成轻纵重罪问题。法律拟制说者认为将第287条解释为法律拟制条款可实现犯罪的一般预防及司法统一与便捷。①笔者认为此观点同样值得商榷。以增加、删除或者修改计算机信息系统数据的方式非法获取公民个人信息的行为为例，当涉案行为同时符合各罪的定量要求时，涉案行为可能会被同时认定构成破坏计算机信息系统罪、非法获取计算机信息系统数据罪、侵犯公民个人信息罪。其中，破坏计算机信息系统罪对应的是增加、删除或者修改计算机信息系统数据这一手段行为，非法获取计算机信息系统数据罪与侵犯公民个人信息罪对应的则是非法获取公民个人信息这一目的的行为。非法获取计算机信息系统数据罪与侵犯公民个人信息罪的法定刑相同，无法采用"先比后定法"确定何者为重刑，两者的法定最高刑均为"三年以上七年以下有期徒刑，并处罚金"，而破坏计算机信息系统罪的法定最高刑为"五年以上有期徒刑"。依照牵连犯的基本原理，最终定性时应对手段行为所构成的犯罪与目的行为所构成的犯罪进行轻重比较，并从一重处。可见，在本案中属于重罪的明显是手段行为所构成的破坏计算机信息系统罪，而不是目的行为所构成的非法获取计算机信息系统数据罪或者侵犯公民个人信息罪。因此，对本案中的被告人最终应以破坏计算机信息系统罪进行定罪处罚。然而，根据法律拟制说者的观点，对本案只能依照目的行为所构成的犯罪进行定罪处罚，且排除破坏计算机信息系统罪、非法获取计算机信息系统数据罪等计算机犯罪的适用可能性，最终只能认定本案中的被告人构成属于轻罪的侵犯公民个人信息罪。不难发现，一概排除包括数据安全犯罪在内的计算机犯罪的适用可能性并不能实现法律拟制论者所主张的利于一般预防的目标。因为笔者所举的案例中"社会危害性更大"的犯罪并不是目的行为所构成的犯罪，而是为发挥计算机网络的犯罪工具功能以计算机网络为犯罪对象实施的手段行为所构成的犯罪。

其四，将第287条定性为法律拟制条款，会影响到刑罚惩罚与预防双重功能的实现。法律拟制论者认为将第287条理解为法律拟制条款利于实现一般预防。对此，笔者仍持否定意见。在刑法教义学中，强调对犯罪人进行惩罚以防止其本人再次实施犯罪的理念被称为特别预防理

---

① 李振林. 刑法中法律拟制论 [D]. 上海：华东政法大学，2013：138.

念，强调通过对犯罪人进行惩罚以威慑犯罪人以外的其他人使他们不去实施犯罪的理念被称为消极一般预防理念，"根据法律通过刑罚的预告或者裁判的宣告，以表明'犯罪不是好事'，进而维持或者强化人们的自律的规范意识，此一意义上的一般预防论重视的是'规范的预防'或者积极的一般预防"。①无论是刑法特别预防，还是一般预防功能的实现都需要同时做到：刑罚必然、刑罚及时、刑罚公开、刑罚适当。②笔者认为将《刑法》第287条理解为法律拟制条款或许对刑罚及时与刑罚公开的影响不大，但是却深刻影响着刑罚必然与刑罚适当要求的实现。仍以增加、删除或者修改计算机信息系统数据的方式非法获取公民个人信息的行为为例，根据法律拟制说者的观点，对本案只能依照目的行为所构成的犯罪进行定罪处罚，且排除破坏计算机信息系统罪、非法获取计算机信息系统数据罪等计算机犯罪的适用可能性，最终只能认定本案中的被告人构成属于轻罪的侵犯公民个人信息罪。此种情形即表明法律拟制说会造成轻纵重罪的不良后果，使刑罚适当的要求落空。同时，由于对属于重罪的手段犯罪而言，法律拟制说主张一概不予以评价，这又很可能会刺激潜在的犯罪人不断更新其计算机犯罪手段，并逐渐将计算机作为实施犯罪的主要甚至唯一的犯罪工具。因为在法律拟制说的立场下，只要行为人实施的行为是"利用计算机实施其他犯罪"则应统一按照目的行为所构成的犯罪进行惩罚。然而，在司法裁判中直接忽略对一项具有严重法益侵害性行为的规范评价必将使刑罚必然的要求落空。

再者，根据法律拟制论的观点，无论行为人实施的行为是否对计算机犯罪保护法益造成侵害，只要在具体的犯罪活动中行为人是将计算机网络作为犯罪工具使用的便应该排除计算机犯罪成立的可能性。笔者认为此种理解不仅不利于惩治计算机犯罪行为，而且会造成刑罚惩罚犯罪功能落空，而且还会由于无法对值得刑罚处罚的法益侵害行为施加刑罚在一定程度上造成防止犯罪人实施再犯可能性的特别预防功能落空，甚至由于无论计算机犯罪保护法益是否同时受到侵害，行为人只要以计算机网络为工具实施其他犯罪时便会排除计算机犯罪成立的可能性，潜

---

① 松宫孝明. 刑法总论讲义 [M]. 4版，补正版. 钱叶六，译. 王昭武，审校. 北京：中国人民大学出版社，2013：5.
② 陈兴良. 一般预防论 [J]. 中南政法学院学报，1993（2）：29-30.

在犯罪人会纷纷选择效仿前人更新犯罪手段以尽可能地使计算机网络作为犯罪工具造成刑罚一般预防功能落空。可见，将《刑法》第287条解释为法律拟制条款将造成刑罚惩罚与预防犯罪双重功能的落空，同时，还可能会起到刺激犯罪的负面效果。

综上所述，由于将《刑法》第287条解释为法律拟制条款会造成对法条文义与法律拟制基本原理的突破，会不当轻纵手段行为所构成的重罪，以及影响惩罚与预防双重功能的实现，笔者认为应否定将《刑法》第287条视为法律拟制条款的观点。

8.3 注意规定说之展开

如前文所述，《刑法》第287条“注意规定说”内部还存在着两种相互对立的观点：

其一，主张具体案件中只要计算机网络是被作为犯罪工具使用的，则应一律排除对行为人适用计算机犯罪罪名进行定罪处罚的可能性。此种观点与前述法律拟制说者的观点存在相同的问题，即均不符合《刑法》第287条的法条文义，可能会不当地轻纵属于重罪的手段行为，以及影响刑罚惩罚与预防功能的实现。因此，“注意规定说”中的“其他犯罪定罪论”被本书否定。

其二，主张依据罪数理论进行具体问题具体分析的观点。笔者认为此理解最为适宜。1997年《刑法》修订时，立法者之所以会专门增设《刑法》第287条是因为想要使它成为计算机犯罪的堵截性条款，目的是提醒所有的司法者不要因具体案件中行为人实施犯罪行为时计算机网络扮演了犯罪工具的角色便将整体案件认定构成计算机犯罪，而是应该突破计算机网络这一技术性犯罪手段的表象，深入到法益侵害层面去判断什么是犯罪行为、侵犯了什么刑法法益、造成了什么犯罪结果、符合什么犯罪构成，进而再予以正确的定罪处罚。同时，基于这种思路理解《刑法》的287条还可以很好地规避将之视为法律拟制条款或者说注意性规定中“其他犯罪定罪论”所可能带来的不符合条文文义、轻纵重罪与使刑罚目的落空等问题。当然，将《刑法》第287条解释为注意性规定条款会使计算机犯罪与利用计算机实施的其他犯罪之间经常出现数罪并罚、想象竞合与牵连犯等不同的罪数理论问题，使司法者在进行司法审判时往往需要耗费大量的时间厘清各罪之间的关系，一定程度上增加司法者的办案工作量，但是不能为了追求司法便捷而不顾理论协调性强行将《刑法》第287条解释为法律拟制条款，或者说将《刑法》第287条解释为注意性规定后又认为应一律以其他犯罪罪名进行定罪处罚。

类型化的思考方法是法律发现以及定罪过程中的一个思维工具，①"对司法实践中已经显现的一些行为形态予以理论整理和归纳，不仅可以令我们对相关行为的刑法意义有更深入的理解，也将有助于提炼出相关行为定性的清晰路径"②。"利用计算机实施的其他犯罪"大致可被分为如下几种类型，不同的类型最终的定性也略有不同：

（1）在同一个犯罪目的支配下先后实施了手段行为与目的行为，手段行为是对计算机的利用，目的行为是实施的其他犯罪行为。对此犯罪类型还可进行如下分类：其一，行为人单纯以计算机为工具，没有侵犯到计算机犯罪所保护的法益，仅仅是利用计算机实施了侵犯其他犯罪所保护法益的行为，直接依目的行为所构成的犯罪进行定性即可。例如，行为人利用计算机针对尚未年满14周岁的儿童实施远距离、非接触性的猥亵行为，此时，计算机仅仅是行为人实施隔空猥亵行为的犯罪工具，计算机犯罪所保护的法益并没有受到侵犯，因此，具体定性时只需要考虑隔空猥亵行为构成何种"其他犯罪"即可。③

其二，行为人利用计算机实施有关犯罪时，对计算机犯罪保护法益造成一定侵害但不构成犯罪，直接依照目的行为的"其他犯罪"进行定罪即可，但裁判时应将计算机犯罪保护法益的受损情况作为量刑情节予以考虑。比如，甲欲盗窃乙的钱财，遂趁乙熟睡，采用暴力破解的方式解锁手机并转移手机中微信等App所绑定银行卡中的人民币两万元，随后又将手机放回原处。此种情形下，由于破坏计算机信息系统罪的"违法所得须是由删除、修改或者增加计算机信息系统数据本身所产生的，

① 陈兴良. 教义刑法学［M］. 北京：中国人民大学出版社，2017：21-24.
② 马永强. 正向刷单炒信行为的刑法定性与行刑衔接［J］. 法律适用，2020（24）：65.
③ 袁野. 网络隔空威胁儿童行为的刑法定性［J］. 青少年犯罪问题，2019（4）：14.

不能是将他人财产转为自己所有而产生的"，①因此，行为人虽通过暴力破解他人手机的方式转移了他人两万元人民币，但这两万元人民币并不能评价为破坏计算机信息系统行为的违法所得。从而，破坏计算机信息系统（数据）罪不能成立。然而，根据盗窃罪的规定，犯罪数额2万元人民币明显已经构成了"数额较大"的要求，此时只需以目的行为所构成的犯罪"盗窃罪"一罪进行定罪处罚即可。

其三，行为人以计算机为工具实施其他犯罪，但计算机犯罪保护法益也受到了侵害，且手段行为与目的行为均构成犯罪。此种情形下，如果依照前述法律拟制说与注意规定说所提出的其他犯罪定罪论，则仍只能以目的行为作为定性的依据，而对手段行为所构成的犯罪则不需予以评价。然而，其他犯罪定罪论存在着造成罪刑不均，轻纵重罪，影响刑罚惩罚与预防双重功能实现等难以克服的问题，应从教义学层面上予以明确否定。据此，对于此种犯罪类型，笔者建议应依据牵连犯的理论予以处置，即当同时构成计算机犯罪与其他犯罪时应对被告人进行从一重处。当然，笔者也深知目前在教义学层面上对于应否保留牵连犯这一理论概念还存在着不小的争议，并且在如何判断牵连关系上也还存在诸多争议，②但是从目前来看牵连犯仍是深刻影响着我国学理与实践的罪数形态之一。

其实，"两高"虽然没有明确针对本种类型的"利用计算机实施其他犯罪"应如何定性之问题作出明确的解释，但从一些与之相关的司法解释以及指导性案例来看，本书的观点实际上与"两高"一致，笔者提出的依照牵连犯原理进行从一重处罚的观点与《最高人民法院关于审理危害军事通信刑事案件具体应用法律若干问题的解释》第6条第3款规定相同。③此外，最高检发布的检例35号"曾玉亮、王玉生破坏计算机信息系统案"也持本种观点，该案中被告人利用社交软件冒充异性与他人聊天，假称本人忘记苹果设备密码，让对方帮忙解锁，当对方在个人

---

① 俞小海. 破坏计算机信息系统罪之司法实践分析与规范含义重构 [J]. 交大法学，2015（3）：150.

② 高铭暄，叶良芳. 再论牵连犯 [J]. 现代法学，2005（2）：105-113.

③ 《最高人民法院关于审理危害军事通信刑事案件具体应用法律若干问题的解释》第6条第3款规定，违反国家规定，侵入国防建设、尖端科学技术领域的军事通信计算机信息系统，尚未对军事通信造成破坏的，依照刑法第285条的规定定罪处罚；对军事通信造成破坏，同时构成刑法第285条、第286条、第369条一款规定犯罪的，依照较重的规定定罪处罚。

设备上登录其苹果设备账号密码时，被告人再利用新的账号密码登录苹果官网并利用苹果公司提供的有关功能锁定对方的苹果设备。随后，被告人再利用社交软件与对方取得联系，并索要钱财。此种行为法院最终的认定是手段行为构成破坏计算机信息系统罪，目的行为构成敲诈勒索罪，手段行为与目的行为之间存在牵连关系应从一重罪处断。

（2）具体案件中行为人在一个犯罪目的支配下实施了一个行为，但该行为同时对包括数据安全法益在内的计算机犯罪保护的法益与其他犯罪罪名保护的法益造成侵犯，同时构成两个犯罪，此时，应根据想象竞合或法条竞合的理论进行具体处理。

（3）具体案件中行为人虽是利用计算机实施的其他犯罪，但其他犯罪与计算机犯罪并不是在一个犯罪目的支配下实施的，而是先实施了计算机犯罪行为后另起犯意实施的其他犯罪行为，此时，应该对计算机犯罪与其他犯罪进行数罪并罚，而非依照牵连犯原理进行从一重处。在处理本种类型的利用计算机实施的其他犯罪案件时，还需要注意在具体案件中判断行为人究竟是另起犯意，还是犯罪转化。①

将《刑法》第287条解释为注意性规定，且认可在具体个案中存在同时适用计算机犯罪与其他犯罪的可能性以后，数据安全犯罪作为计算机犯罪的一种类型，与其他犯罪的关系自然也变得复杂起来。以"利用爬虫加粉打劫个人信息牟利案"为例，本案中被告人通过签署广告精准投放协议，部署SD程序，从运营服务商抓取、采集网络用户的登录Cookie数据。护具被存储于瑞智华胜公司redis数据库中，被告人利用研发的爬虫软件、加分软件远程访问redis数据库中的数据，非法登录用户网络账号，实施"枪支加分"、爬取公民个人信息等行为。对本案中被告人的定性共有3种意见：第一种意见认为构成非法获取计算机信息系统数据罪；第二种意见认为构成非法获取计算机信息系统数据罪与侵犯公民个人信息罪，应数罪并罚；第三种意见认为构成侵犯公民个人信息罪与非法获取计算机信息系统数据罪的牵连犯，应从一重处。总之，将《刑法》第287条解释为注意性规定的同时，还认为具体个案中

---

① 刘勇龙. 如何区分刑案中的另起犯意和犯意转化［N］. 西部法制报，2011-09-22（4）.

应一律排除包括数据安全犯罪在内的计算机犯罪罪名被适用可能性的观点不具有理论上的妥适性，也没有获得各级司法机关的认可。

8.4 类案推演：非法获取个人数据安全犯罪行为的定性

在深入分析非法获取个人数据行为的认定之前，可先得出如下不存在争议的结论：其一，如果非法获取的数据是不具有可识别性的个人数据，则不会构成侵犯公民个人信息罪，只会构成非法获取计算机信息系统数据罪。其二，如果非法获取可识别的个人衍生数据，但是获取的手段不是"非法侵入或其他技术手段+获取"，则不成立非法获取计算机信息系统数据罪，只会构成侵犯公民个人信息罪。其三，如果采用非法侵入系统或其他技术手段获取可识别的个人数据时，违反的不是全国人民代表大会及其常务委员会制定的法律和决定，国务院制定的行政法规、规定的行政措施、发布的决定和命令，而是其他具有全国适用效力的部门规章等规范性文件，只可能构成侵犯公民个人信息罪，而不可能构成非法获取计算机信息系统数据罪。存疑的是，如果行为人违反国家规定，采用侵入或者其他技术手段获取他人具有可识别性的个人数据时我们应该如何处理？

实践中，对上述问题的理解存在争议。比如，在"刘某等非法获取计算机信息系统数据案"中"被告人刘某帮助他人搭建可以用于盗取QQ账户密码的'信箱''鱼站'技术服务，同时也利用该'信箱''鱼站'非法盗取数据，并出售谋利"。检察机关认为应认定为非法获取计算机信息系统数据罪与侵犯公民个人信息罪两罪，进行数罪并罚。法院则认为刘某搭建"信箱""鱼站"的前行为与后续获取数据并出售行为间具有有机联系，都是非法获取计算机信息系统数据的行为，因此，最终对于刘某的行为应认定构成非法获取计算机信息系统数据罪。[①]判决书中，法院并没有说明其将前行为与后行为两个可以被分别评价为犯罪

---

① 江苏省东台市人民法院〔2018〕苏0981刑初309号刑事判决书。

的独立行为作为一个整体有机联系的行为看待的学理依据，即并未说明是将前后两行为视为牵连犯、包容犯抑或者结合犯。与之不同，在"王某非法获取数据案"中，法院认定被告人利用漏洞、破解账号密码的形式，非法获取包含有学生姓名、身份证件号码、联系方式、地址等公民个人信息的行为同时符合两罪犯罪构成，在规范意义上属于想象竞合，因此，应从一重处认定构成非法获取计算机信息系统数据罪。①而在"李某等诈骗、侵犯公民个人信息、非法获取计算机信息系统数据"案中，一、二审法院均认定第二被告林某通过木马程序侵入北京某科技有限公司网站，并从数据库中盗取公民个人信息贩卖给他人的行为触犯了两个罪名，应按照牵连犯来处理，鉴于两罪的刑罚相同，应以非法获取计算机信息系统数据罪定罪。②可见，在涉及非法获取计算机信息系统数据罪的案件中，司法机关对于涉案行为的罪数形态问题的理解还存在着不小的分歧。经检索并分析，其他案例中的相关裁判意见也可证明前述观点，见表8-2。

表8-2　　　　　　　存在罪数争议时，法院定性理由说明统计表

案号	检察院控诉罪名	法院审判定罪	最终一罪定罪理由
〔2018〕苏0981刑初309号	非法获取计算机信息系统数据罪与侵犯公民个人信息罪	非法获取计算机信息系统数据罪	前行为与后续获取数据并出售行为间具有有机联系
〔2018〕皖12刑终31号	非法控制系统罪、侵犯公民个人信息罪；检察院出具书面意见，建议维持原判	一审：非法控制系统罪、侵犯公民个人信息罪；二审：非法获取数据、非法控制系统罪	属于想象竞合，从一重处，定非法获取计算机信息系统数据罪
〔2018〕鄂05刑终3号（针对林某）	一审：非法获取计算机信息系统数据罪	一审：非法获取计算机信息系统数据罪二审：维持原判	行为触犯了两个罪名，可按牵连犯处理，两罪刑罚相同，原判据此认定被告人构成非法获取计算机信息系统数据罪是妥当的

---

① 安徽省阜阳市中级人民法院〔2018〕皖12刑终31号刑事判决书。
② 湖北省宜昌市中级人民法院〔2018〕鄂05刑终3号刑事判决书。

目前，学界目前对此主要存在如下几种理解：其一，想象竞合说，持本说的有陈兴良教授①、欧阳本祺教授②等。其二，法条竞合说。本说又可分为刘艳红教授主张的"特别法条定罪论"与林维教授主张的"重罪法条定罪论"。前者认为第263条之一与第285条之二是特别法与普通法间的关系，因此，当两者竞合时应适用特别法。③后者认为由于非法获取计算机信息系统数据罪与侵犯公民个人信息罪之间是交叉型法条竞合关系，因此，具体个案处置时仍应当遵循从一重罪处罚的规则。④其三，罪名互斥关系说，包括前文提到的杨志琼所认为的，侵犯公民个人信息罪与非法获取计算机信息系统数据罪之间由于保护法益不同，两者为相互排斥的关系，因此，不存在想象竞合或者法条竞合等罪数问题。

"罪名互斥关系说"值得商榷，由于数据征表的法益具有多样性，其本身是一项值得刑法予以保护的法益，同时还承载着需要法律予以保护的其他法益。⑤以计算机信息系统数据为工具实施其他犯罪很可能同时侵犯数据安全法益与其他刑法法益，在此情况下如果还是依照所谓的"二值逻辑"式的方法在数据安全犯罪与利用计算机实施的其他犯罪间进行择一的适用必然不符合最基本的刑法定罪理论。此时，正确的做法是根据传统的刑法罪数理论，判断具体案件中支配行为人实施犯罪行为的故意个数，实行行为的个数以及相互之间的关系等内容以最终确认应根据数罪并罚、想象竞合或者牵连犯等罪数理论进行处理。总之，试图运用数据安全犯罪与利用计算机实施的其他犯罪是非此即彼关系理论来提升司法便捷性，减少刑事司法罪数问题的做法是不合理性。

由于该观点问题较为明显，不再过多赘述，仅重点论证如下问题：非法获取计算机信息系统数据罪与侵犯公民个人信息罪之间究竟是什么关系？是法条竞合，还是想象竞合？刑法学界关于法条竞合与想象竞合

① 陈兴良. 互联网账号恶意注册黑色产业的刑法思考 [J]. 清华法学, 2019, 13 (6): 17.
② 欧阳本祺, 曹莉. 非法获取他人 APP 数据的刑法定性 [J]. 人民检察, 2018 (7): 40.
③ 刘艳红. 网络爬虫行为的刑事规制研究——以侵犯公民个人信息犯罪为视角 [J]. 政治与法律, 2019 (11): 24.
④ 林维. 数据爬取行为的刑事司法认定 [J]. 人民检察, 2019 (18): 48.
⑤ 希尔根多夫. 德国刑法学：从传统到现代 [M]. 江溯, 黄笑岩, 译. 北京: 北京大学出版社, 2015: 382.

区分问题的争议颇多，该问题也是目前刑法罪数理论中最为复杂的问题之一。为明确法条竞合与想象竞合之间的关系，可将关于法条竞合与想象竞合的问题划分为如下两个小问题进行讨论：其一，想象竞合与法条竞合的区分是否具有必要性？其二，想象竞合与法条竞合之间应该如何区分？对于这两个问题的回答将直接影响到非法获取计算机信息系统数据罪与侵犯公民个人信息罪之间竞合问题的处理。

对第一个问题，根据陈洪兵提倡的大竞合论，在刑法教义学上没有必要对两者进行区分，具体处理案件时无论是何种类型的竞合只需要进行从一重处即可。①该观点看似简单，但并不科学。想象竞合与法条竞合之间具有明显的区别。比如，法条竞合的类型多样，不仅包括特殊法与一般法的竞合，而且包括重法与轻法的竞合，如果根据陈洪兵的观点，在特殊法与一般法竞合的场景也需要适用重法，而不能适用特别法，此时立法者设置特殊法的意义将不复存在。②据此，在刑法学中区分想象竞合与法条竞合不仅必要，而且具有实践价值。

对第二个问题，应从形式与实质两个方面展开对法条竞合与想象竞合的区分。其中，形式标准是指脱离具体个案的案情观察相关法条之间是不是具有交叉或包容关系，"如果不符合这一标准就必须将其排除在法条竞合之外。但是，符合这一形式标准的也不必然是法条竞合，而是需要在此基础上进行实质判断"。③而实质标准则是法益同一性，即"法益数应成为决定法条竞合是否存在的依据，而法条竞合以一行为或数行为侵害单一法益为必要"。④通过分析非法获取计算机信息系统数据罪与侵犯公民个人信息罪可知，两罪在行为手段、犯罪对象等方面确实存在着交叉关系，但是两者所保护的法益内容并不相同。前文笔者提到，刑法学界对非法获取计算机信息系统数据罪的法益理解较为混杂，既包括单一法益与复数法益之争，又存在具体法益与抽象法益之争，还有传统法益与新型法益之争，但相对确定的是该罪所保护的法益为超个

---

① 陈洪兵. 不必严格区分法条竞合与想象竞合——大竞合论之提倡 [J]. 清华法学, 2012, 6 (1): 38.
② 李紫阳. 伪造签章转移股权行为的类型认定——驳行为无罪论与单一罪名论 [J]. 青少年犯罪问题, 2020 (6): 100.
③ 张明楷. 法条竞合与想象竞合的区分 [J]. 法学研究, 2016 (1): 132.
④ 许玉秀. 当代刑法思潮 [M]. 北京: 中国民主法制出版社, 2005: 775-776.

人法益之集体法益，而非个人法益。在对上述各种争论进行了系统梳理与评析后，笔者得出非法获取计算机信息系统数据罪所保护的法益为集体法益、单一法益、具体法益的数据保密性这一结论。无独有偶，学界对侵犯公民个人信息罪的法益问题也存在着诸多争议。①本书认为无论侵犯公民个人信息罪保护的法益具体内容是什么，其与非法获取计算机信息系统数据罪所保护的法益均不符合法益同一性这一实质判断标准。因此，两罪不可能符合法条竞合实质判断的法益同一性标准，应排除两罪间成立法条竞合的可能性。

确认非法获取计算机信息系统数据罪与侵犯公民个人信息罪为想象竞合关系后，还面临着另一个要解决的难题：两罪的法定刑幅度完全相同，通常使用的先比后定法无法使用，此时应如何处理？对此，皮勇认为非法获取计算机信息系统数据罪保护的是集体法益，而侵犯公民个人信息罪保护的是个人法益，因而以前者定罪更能全面反映行为人的行为侵犯了公共法益与公众个人信息法益的特点。②笔者不赞同皮勇的观点。对于想象竞合犯的处理，一般采用先比后定法，即先对法定刑进行比较，再以重罪进行定罪处罚。然而，当竞合罪名的法定刑完全相同时，先比后定法在具体个案中便失去了适用空间。因此，学者们提出了一些其他的解决构想。

比如，彭辅顺认为"当竞合数罪法定刑相同时，无法通过比较法定刑的轻重来决定犯罪的轻重，从而适用从一重处判断原则，即如果数罪的法定刑相同……只能根据犯罪情节来比较其轻重"。③本书认为此种处理方法较为可取。具体来说，在刑事司法活动中确定究竟应适用侵犯公民个人信息罪对被告人进行定罪处罚，还是适用非法获取计算机信息系统数据罪对被告人进行定罪处罚时，需要在具体个案中结合《公民个人信息犯罪解释》与《计算机犯罪解释》的具体认定标准以及个案案情进行综合判断。至于皮勇的观点，本书认为"在想象竞合的情况下，一

① 刘艳红. 侵犯公民个人信息罪法益：个人法益及新型权利之确证——以《个人信息保护法（草案）》为视角之分析 [J]. 中国刑事法杂志，2019（5）：19.
② 皮勇. 全国首例撞库打码案的法律适用分析 [J]. 中国检察官，2019（6）：8.
③ 彭辅顺. 想象竞合犯中从一重处判断原则的适用 [J]. 社会科学家，2005（3）：110.

行为所触犯的数个法条至少有一个无法对该行为作出全面评价"。[①]刑法法理中创设想象竞合犯的目的是对犯罪行为的不法程度进行充分但不过度的评价。其实，如果想要实现对犯罪行为的全面评价，不如选择对符合想象竞合原理的数个犯罪进行并罚。很显然，如果予以并罚又会出现违反禁止重复评价原则的问题。

综上所述，本书认为在非法获取计算机信息系统数据罪与侵犯公民个人信息罪的法定刑没有作出调整前，当具体个案中出现两罪适用的想象竞合问题时，应具体问题具体分析，不应该以全面评价为由一律适用非法获取计算机信息系统数据罪，也不应以所保护法益不同为由而直接适用侵犯公民个人信息罪。

---

① 左坚卫. 法条竞合与想象竞合区分标准之评析与重建 [J]. 华南师范大学学报（社会科学版），2009（6）：107.

9 结语

数字经济时代的到来呼吁着与之相应的法律制度的变革。在法律制度的变革尚未正式到来前，有必要认真思考如何进行法律解释才能保证既有的刑法条文被妥切地适用于刑事司法实践。以此为导向，本书除了对数据安全犯罪基本问题进行界定外，剩余文字始终坚持解释论的研究思路，从刑事实定法规范出发，结合刑法理论中数据安全犯罪的理解争议，展开数字经济时代数据安全的刑法保护问题研究。在确证数据安全犯罪司法适用存在诸多问题的原因是刑法学界对数据安全犯罪保护法益理论的理解存在争议致使法益构成要件解释机能失效后，本书借助教义学工具对数据安全犯罪的属性与本质、数据安全的刑法法益适格性、数据安全法益的体系定位与内容等问题进行规范探讨，明确了数据安全犯罪所保护的同类法益是数据安全法益，而数据保密性是非法获取计算机信息系统数据罪所保护的直接法益，数据完整性与可用性是破坏计算机信息系统（数据）罪所保护的直接法益。同时，经过对域内外立法的比较分析，明确了数据安全法益早已经被域内外立法者所关注，并以实定法的模式进行保护的刑法法益。如今，对数据安全犯罪与数据安全法益问题的研究只不过是对立法原因的一种追寻，而不是在研究一种新型犯罪或者说一种应被视为法益予以保护的新型利益。

明确这些内容后，本书得以继续推进对数据安全犯罪的解释论研究，以数据安全法益为标准重新解释数据安全犯罪的构成要件，并在解释的同时回应数据安全犯罪司法适用中出现的典型疑难问题。在行为手段方面，重点分析了非法获取计算机信息系统数据罪领域的扩张论与限缩论的观点，以及破坏计算机信息系统（数据）罪领域的平义论与限缩论的观点，明确了数据安全犯罪的行为对象是包括云端数据、RFID等数据在内的计算机信息系统中存储、处理或者传输的所有数据。在行为手段方面，重点分析了非法获取计算机信息系统数据罪的"复行为犯属性""非法侵入""获取"的判断等问题，以及破坏计算机信息系统（数据）罪的"删除、修改或者增加"与数据完整性与可用性之间的关系，明确对数据的删除、修改与增加不需要达到"使数据陷入丧失正常使用功效的不良境地"。在行为后果方面，重点分析了非法获取计算机信息系统数据罪情节严重在犯罪论体系中的地位，并对既有的情节严重认定标准进行反思性评析。在破坏计算机信息系统（数据）罪中则主要探讨实务界与学界对后果严重的理解争议，并对《计算机犯罪解释》中提出的后果严重具体认定标准进行反思与限定性解释。

明确数据安全犯罪内部的罪间边界后，本书进而探讨数据安全犯罪与利用计算机实施的其他犯罪之间的区分认定问题。通过对司法判例的考察，本书指出了数据安全犯罪与利用计算机实施的其他犯罪适用争议的领域主要是"对象-工具型"数据安全犯罪，而争议的焦点则在于如何理解《刑法》第287条。目前，学界与实务界存在着注意规定说与法律拟制说的争论，通过否定法律拟制说与证立注意规定说，本书提出即便立法者在《刑法》中规定了第287条也不排斥在"对象-工具型"数据安全犯罪案件中同时适用数据安全犯罪与其他犯罪的可能性。在数据安全犯罪与其他计算机犯罪的区分适用方面，根据前文实证分析的结果，本书选择了以数据安全犯罪与非法控制系统罪、非法侵入系统罪以及提供程序、工具罪等具体个罪进行区分适用分析。每一个主题项下又可分为非法获取计算机信息系统数据罪与破坏计算机信息系统（数据）

罪同其他计算机犯罪的区分适用等两种类型，具体讨论时关注重点并不相同，且在论证时会选择顺带对实践中典型的疑难个案进行分析。

最后应指出，本书所探讨的问题是如何更好地利用刑事手段规制数据安全犯罪行为，但是强调严格地规制数据安全犯罪行为的目的并不是阻碍数字经济的发展，也不是想要完全消除大数据时代无处不在的数据安全风险，而是期望通过刑法手段清除数字经济发展中的"害群之马"，保证数字经济的稳定、健康与可持续的发展。

参考文献

[1]   刘宪权. 元宇宙空间中数据的分类分级与刑法保护［J］. 比较法研究，
       2023（4）：51-64.

[2]   刘宪权，汤君. 人工智能时代数据犯罪的刑法规制［J］. 人民检察，2019
       （13）：31-34.

[3]   刘宪权. 数据犯罪刑法规制完善研究［J］. 中国刑事法杂志，2022（5）：
       20-35.

[4]   张勇. 个人信息去识别化的刑法应对［J］. 国家检察官学院学报，2018，
       26（4）：91-109；174.

[5]   孙万怀. 刑法修正的道德诉求［J］. 东方法学，2021（1）：102-113.

[6]   于改之. 非法弹送广告行为入罪要素解析［J］. 人民检察，2020（14）：
       43-44.

[7]   张明楷. 网络时代的刑事立法［J］. 法律科学（西北政法大学学报），
       2017（3）：69-82.

[8]   陈兴良. 网络犯罪的刑法应对［J］. 中国法律评论，2020（1）：88-95.

[9]   周光权. 刑法软性解释的限制与增设妨害业务罪［J］. 中外法学，2019，
       31（4）：951-966.

[10]   欧阳本祺. 论数据犯罪的双层法益［J］. 当代法学，2023（6）：64-74.

[11]   李怀胜. 数据安全的法益变迁与刑法规制［J］. 江西社会科学，2023
       （7）：33-44.

[12]   夏伟. 论数据犯罪的立法重塑［J］. 法制与社会发展，2023（4）：

173-190.

[13] 贾宇. 数字经济刑事法治保障研究 [J]. 中国刑事法杂志，2022 (5)：3-19.

[14] 林维. 数据爬取行为的刑事司法认定 [J]. 人民检察，2019 (18)：47-48.

[15] 刘艳红. 网络犯罪的刑法解释空间向度研究 [J]. 中国法学，2019 (6)：202-223.

[16] 刘艳红. "法益性的欠缺"与法定犯的出罪——以行政要素的双重限缩解释为路径 [J]. 比较法研究，2019 (1)：86-103.

[17] 刘艳红. 侵犯公民个人信息罪法益：个人法益及新型权利之确证——以《个人信息保护法（草案）》为视角之分析 [J]. 中国刑事法杂志，2019 (5)：19-33.

[18] 杨志琼. 我国数据犯罪的司法困境与出路：以数据安全法益为中心 [J]. 环球法律评论，2019 (6)：151-171.

[19] 杨志琼. 数字经济时代我国数据犯罪刑法规制的挑战与应对 [J]. 中国法学，2023 (1)：124-141.

[20] 杨志琼. 非法获取计算机信息系统数据罪"口袋化"的实证分析及其处理路径 [J]. 法学评论，2018 (6)：163-174.

[21] 苏青. 数据犯罪的规制困境及其对策完善——基于非法获取计算机信息系统数据罪的展开 [J]. 法学，2022 (7)：72-83.

[22] 王倩云. 人工智能背景下数据安全犯罪的刑法规制思路 [J]. 法学论坛，2019 (2)：27-36.

[23] 胡春健，孙伟. 破坏计算机信息系统罪的规范分析 [J]. 中国检察官，2019 (7)：42-45.

[24] 彭诚信，向秦. "信息"与"数据"的私法界定 [J]. 河南社会科学，2019，27 (11)：25-37.

[25] 韩旭至. 信息权利范畴的模糊性使用及其后果——基于对信息、数据混用的分析 [J]. 华东政法大学学报，2020 (1)：85-96.

[26] 程啸. 论大数据时代的个人数据权利 [J]. 中国社会科学，2018 (3)：102-122；207-208.

[27] 黄鹏. 数据作为新兴法益的证成 [J]. 重庆大学学报（社会科学版），2022，28 (5)：192-206.

[28] 纪海龙. 数据的私法定位与保护 [J]. 法学研究，2018 (6)：72-91.

[29] 欧阳本祺. 论虚拟财产的刑法保护 [J]. 政治与法律，2019 (9)：39-54.

[30] 朱宣烨. 数据分层与侵犯网络虚拟财产犯罪研究 [J]. 法学杂志，2020

(6)：121-130.

[31] 梅夏英. 数据的法律属性及其民法定位 [J]. 中国社会科学，2016（9）：
164-183；209.

[32] 敬力嘉. 论企业信息权的刑法保护 [J]. 北方法学，2019，13（5）：
73-86.

[33] 皮勇. 全国首例撞库打码案的法律适用分析 [J]. 中国检察官，2019
（6）：7-9.

[34] 庄永廉，阮方民，郭泽强，等. 撞库打码牟利行为如何定性 [J]. 人民检
察，2018（14）：41-48.

[35] 俞小海. 破坏计算机信息系统罪之司法实践分析与规范含义重构 [J]. 交
大法学，2015（3）：140-154.

[36] 彭文华. 法益与犯罪客体的体系性比较 [J]. 浙江社会科学，2020（4）：
47-55；156-157.

[37] 刘明祥. 窃取网络虚拟财产行为定性探究 [J]. 法学，2016（1）：
151-160.

[38] 徐凌波. 虚拟财产犯罪的教义学展开 [J]. 法学家，2017（4）：44-
57；176.

[39] 魏东. 人工智能算法安全犯罪观及其规范刑法学展开 [J]. 政法论丛，
2020（3）：107-120.

[40] 陈兴良. 法定犯的性质和界定 [J]. 中外法学，2020，32（6）：1464-
1488.

[41] 高仕银. 美国政府规制计算机网络犯罪的立法进程及其特点 [J]. 美国研
究，2017（1）：62-81；6.

[42] 陈子平. 刑法总论 [M]. 2008年增修版.北京：中国人民大学出版社，2009.

[43] 张明楷. 刑法学（上）[M]. 5版.北京：法律出版社，2016.

[44] 希尔根多夫. 德国刑法学：从传统到现代 [M]. 江溯，黄笑岩，等译. 北
京：北京大学出版社，2015.

[45] 迈尔-舍恩伯格，库克耶. 大数据时代：生活，工作与思维的大变革
[M]. 盛杨燕，周涛，译. 杭州：浙江人民出版社，2013.

[46] 莱斯格. 思想的未来——网络时代公共知识领域的警示喻言 [M]. 李旭
译. 北京：中信出版社，2004.

[47] 韦塞尔斯. 德国刑法总论 [M]. 李昌珂，译. 北京：法律出版社，2008.

[48] 松宫孝明. 刑法总论讲义 [M]. 钱叶六，译. 王昭武，审校. 4版补正版.
北京：中国人民大学出版社，2013.

[49] 山口厚. 刑法总论 [M]. 付立庆，译. 3版.北京：中国人民大学出版社，

2018.

[50] 马克昌. 比较刑法原理［M］. 武汉：武汉大学出版社，2002.

[51] 韩忠谟. 刑法原理［M］. 北京：中国政法大学出版社，2002.

[52] 许玉秀. 当代刑法思潮［M］. 北京：中国民主法制出版社，2005.

[53] 周光权. 刑法总论［M］. 2版.北京：中国人民大学出版社，2011.

[54] 张明楷. 刑法学（下）［M］. 5版.北京：法律出版社，2016.

[55] 陈兴良. 规范刑法学（上册）［M］. 4版.北京：中国人民大学出版社，2017.

[56] 张明楷. 犯罪构成体系与构成要件要素［M］. 北京：北京大学出版社，2010.

[57] 耶赛克，魏根特. 德国刑法教科书（上）［M］. 徐久生，译. 北京：中国法制出版社，2017.

[58] 罗克辛. 德国刑法学总论（第1卷）［M］. 王世洲，译. 北京：法律出版社，2005.

[59] 金德霍伊泽尔. 刑法总论教科书［M］. 蔡桂生，译. 6版.北京：北京大学出版社，2015.

[60] 前田雅英. 刑法总论讲义［M］. 曾文科，译. 6版.北京大学出版社，2017.

[61] 西田典之. 日本刑法总论［M］. 王昭武，刘明祥，译. 2版.北京：法律出版社，2013.

[62] 大谷实. 刑法讲义总论［M］. 黎宏，译. 2版.北京：中国人民大学出版社，2008.

[63] 孔祥俊. 法律解释方法与判解研究［M］. 北京：人民法院出版社，2004.

[64] 福柯. 规训与惩罚［M］. 刘北成，杨远婴，译. 北京：生活·读书·新知三联书店，2012.

[65] 哈特. 法律的概念［M］. 许家馨，李冠宜，译. 北京：法律出版社，2018.

[66] 张明楷. 刑法的基本立场［M］. 修订版.北京：商务印书馆，2019.

[67] 库尔巴里贾. 互联网治理［M］. 鲁传颖，惠志斌，刘越，译. 7版.北京：清华大学出版社，2019.

[68] 黄勤龙，杨义先. 云计算数据安全［M］. 北京：北京邮电大学出版社，2018.

[69] 江波. 虚拟财产司法保护研究［M］. 北京：北京大学出版社，2015.

[70] 高铭暄. 中华人民共和国刑法的孕育诞生和发展完善［M］. 北京：北京大学出版社，2012.

[71] 刘宪权. 刑法学（下）［M］. 4版.上海：上海人民出版社，2016.

索引